なぜ、セブンでバイトをすると

# 3カ月で経営学を語れるのか？

## 実践ストーリー編

著 勝見 明

プレジデント社

# CONTENTS

# はじめに

　なぜ、セブン-イレブンでアルバイトをすると、3カ月で経営学を語れるのか――この問いは同業の他チェーンには成り立たないでしょう。なぜなら、「セブン-イレブン流経営学」は明確にあっても、他社にはそう呼べるものはないからです。セブン-イレブンの全店平均日販は約66万4000円（2014年2月期）と他社を12万円以上も引き離します。この差もそれと無縁ではありません。

　例えば、セブン-イレブンには「ドミナント方式（高密度多店舗出店）」と呼ばれる出店戦略があり、一定エリア内に集中出店し、店舗網を広げていきます。この方式は、物流、広告、店舗指導等の面で効率が向上する。提携メーカーが出店地域近くに弁当やおにぎりなどの専用工場をつくれるため、品質面で特に配慮した商品を、鮮度の高いまま配送できる。地域全体の認知度が高まり、顧客との心理的な距離感が縮まって利用率が上がる……等々の効果が期待できます。

　そのため、国内総店舗数は約1万7000店に及び、日本最大ですが、青森、鳥取、高知、沖縄の4県には未出店です。それほど独自の経営学を徹底する。他社が早くから全都道府県すべてに出店したのとは対照的です。

　各店舗では、明日の売れ筋について「仮説」を立て、商品を発注し、結果をPOS（販売時点情報管理）データで「検証」します。この「仮説・検証」を高校生のアルバイトも日々、実践していくのもセブン-イレブン流です。

　例えば、本書に登場する店舗の1つでは、高校3年生が店の業績を左右する主力の弁当やおにぎりの発注を担当しています。彼は試行錯誤しながら、自主性を発揮し、「仮説・検証」について「自分のやり方」を見つけていきました。また、入店2週間目の20歳のアルバイトをセブンカフェの販売責任者に任命。彼女は準備期間5日間のうち、2日間かけて、全時間帯のスタッフとの横のコミュニケーションという最も重要な「土台」づくりを自分で考え、やり遂げました。

　セブン-イレブンの店舗の最大の特徴は、アルバイトやパートも経営参加することです。つまり、「全員参加経営」です。現場で責任を任され、当事者意識を持って、セブン-イレブン流経営学を実践すると、学生アルバイトでも3カ月で経営学を語るようになる。実践に勝る教育はないからです。

　日本が世界に誇るセブン-イレブン流経営学をつくりあげたのは、創業者にして、今も経営の舵取りを担う鈴木敏文・会長兼CEO（最高経営責任者）です。この本は、鈴木氏が語る「どうすれば、アルバイトやパートの力を最大限に引き出せるのか」をベースに、全員参加経営を実践するセブン-イレブンのケーススタディがいくつも登場します。その両方を通し、アルバイトやパートたちがどのようにして戦力化していったか、リーダーとスタッフたちがどのようにして、強いお店をつくりあげたか、を紹介します。

　セブン-イレブンのチェーンは本部とフランチャイズ加盟店が「共同事業」を行う形で、加盟店は店舗経営・販売に専念し、本部はそれを支援します。各店舗は立地も商圏も違います。

　そのため、現場では地域の顧客ニーズに応じた「個店主義」の経営が行われます。店舗運営もそれぞれに独自色があります。この本に登場するのは、その中でも特徴的な取り組みを行っている店舗の例です。具体的な方法はさまざまでも、根幹ではセブン-イレブン流経営が共有される。だからこそ、アルバイトやパートも実践の中で知らず知らずのうちに、経営学を身につけるようになるのです。

　本書は、セブン-イレブン流経営と実践の物語を現場で集め、図解でビジュアル化した、かつてない切り口のムックです。「3カ月で経営学を語れるようになってほしい側」も、「語れるようになりたい側」も双方ともわかりやすく読める内容になっています。

　セブン-イレブンの「強さの秘密」を解き明かし、同時にさまざまな仕事の場で現場力を支えるアルバイトやパートを戦力化するための、大きなヒントを提示することでしょう。みんなを勇気づけるバイブルになるはずです。

著者

# セブン-イレブンの基礎知識

## フランチャイズシステム

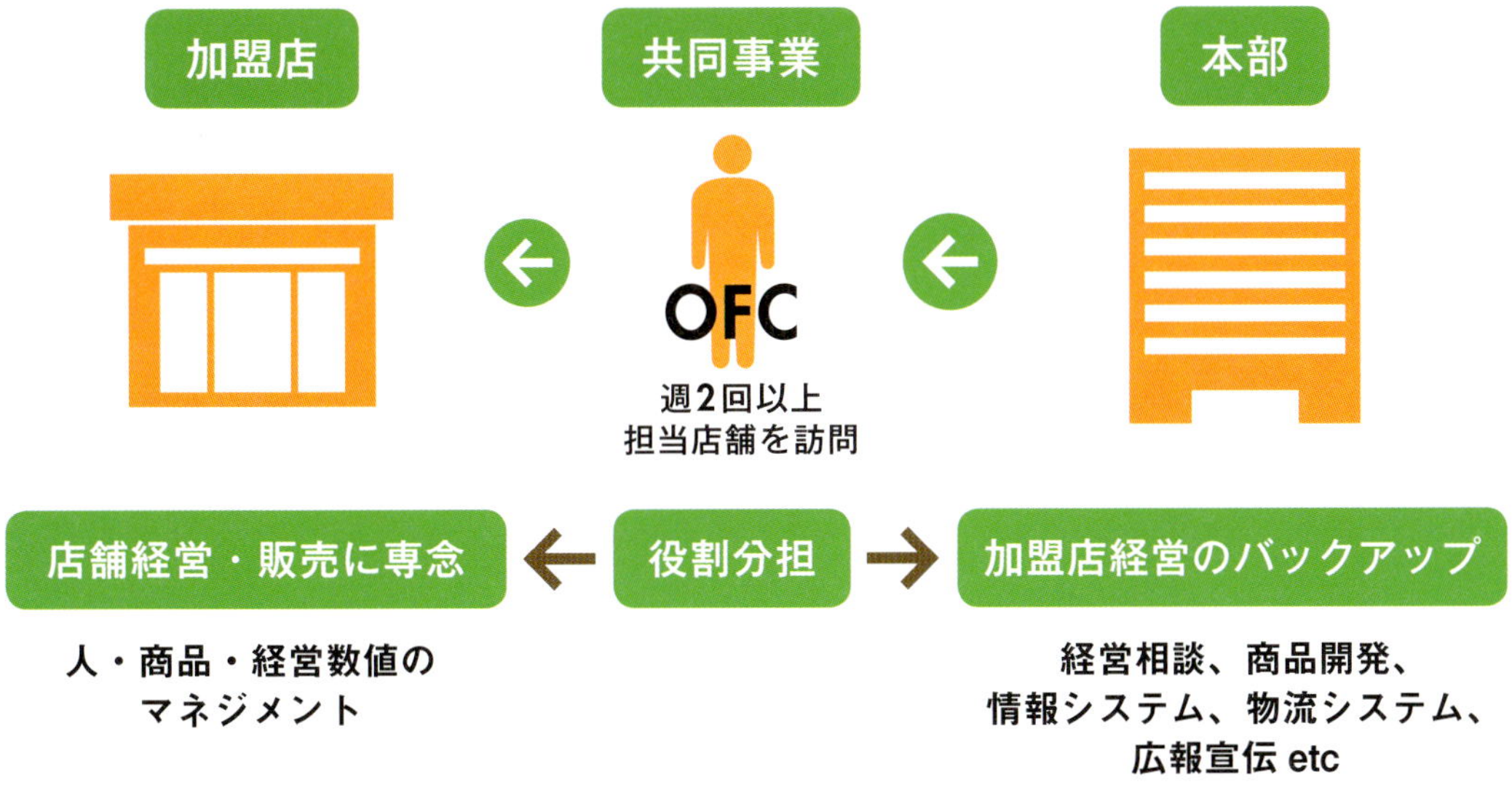

加盟店
共同事業
本部
OFC
週2回以上
担当店舗を訪問
店舗経営・販売に専念
役割分担
加盟店経営のバックアップ
人・商品・経営数値の
マネジメント
経営相談、商品開発、
情報システム、物流システム、
広報宣伝 etc


加盟店と本部が役割分担に基づき共同事業を行う

OFC（オペレーション・フィード・カウンセラー＝店舗経営相談員）：担当店舗に最新情報の提供や経営のアドバイスを行う

## 店舗での発注から商品が納品されるまで

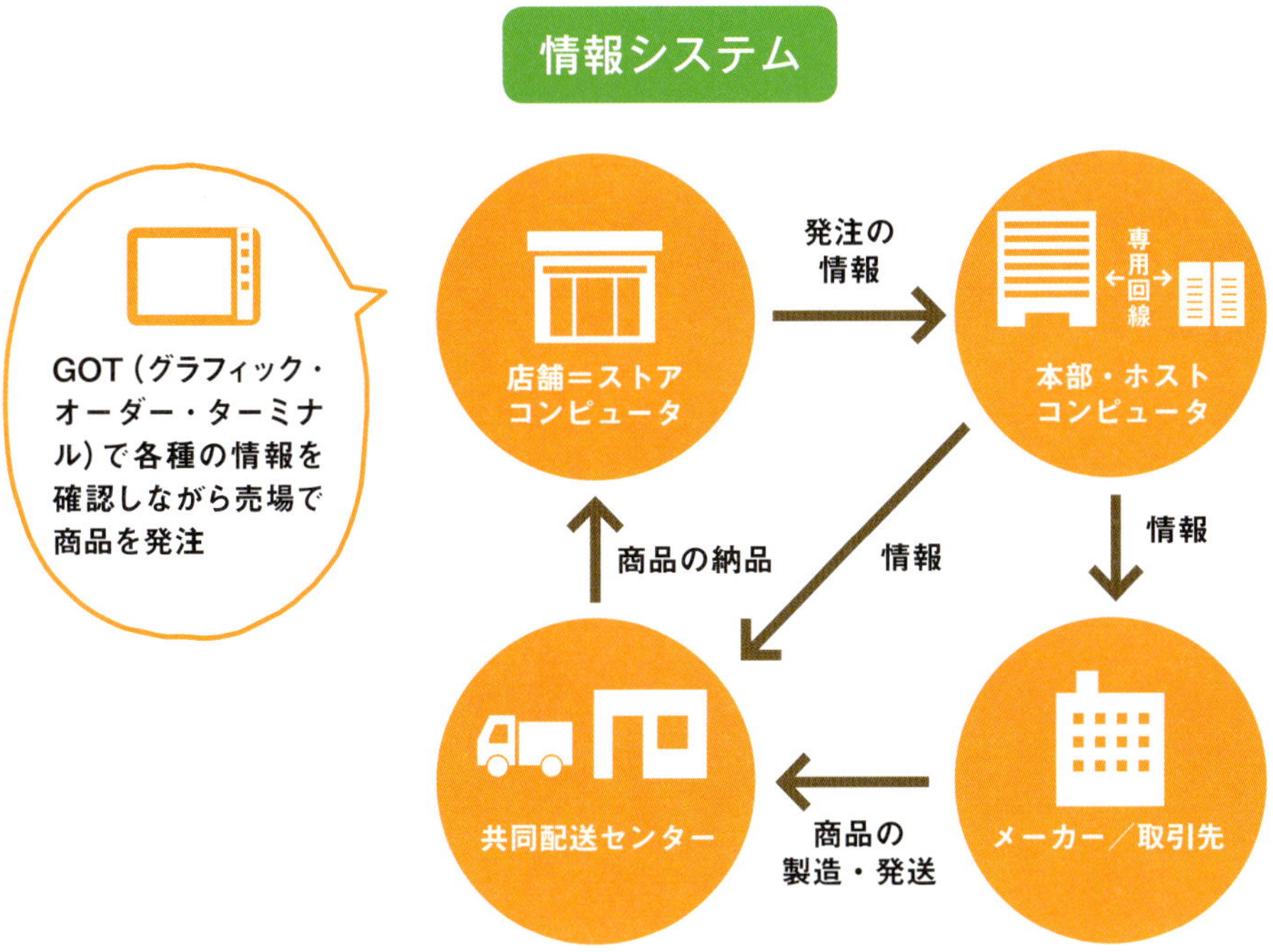

情報システム
GOT（グラフィック・
オーダー・ターミナ
ル）で各種の情報を
確認しながら売場で
商品を発注
店舗＝ストア
コンピュータ
発注の
情報
専用回線
本部・ホスト
コンピュータ
情報
情報
商品の納品
共同配送センター
商品の
製造・発送
メーカー／取引先

Interview

# 仕事の達成感は「仮説」から生まれる

## 鈴木敏文

●セブン&アイ・ホールディングス会長兼CEO

セブンの「強さの秘密」はスタッフの「仮説・検証」力にあると鈴木さんはいう。発注した商品を目立つように陳列し、声かけし、売り切る。この繰り返しが他チェーンとの差をつくる。トップ自ら「仮説・検証」の重要性を語る。

どうすれば、アルバイトやパートの人たちに、仕事に積極的に取り組む意欲を持ってもらえるのか。逆にアルバイトやパートの人たちの立場でいえば、どうすれば、仕事に積極的に取り組む意欲を持てるのか。ポイントは、仕事に「やりがい」や「達成感」を感じられるかどうかです。

ではどうすれば、やりがいや達成感を高めることができるのか。私が見つけ出した結論は、常に「仮説」を立てて仕事に取り組むことです。

「こうすればうまくいくのではないか」。自分で仮説を立て、実行し、結果を「検証」し、成功すれば、大きなやりがいや達成感が得られます。もし何の仮説も立てず、たまたま成功しても、なぜうまくいったのかわからないままで終わってしまいます。自分で考え、仮説を立てるから次につながるのです。

セブン-イレブンの各店舗では、アルバイトやパートのスタッフも、商品の発注を任されます。天気予報や各種行事など、明日のお客様のニーズを察知させる先行情報をもとに、自分で売れ筋の仮説を立て、思い切って多めに発注する。

自分で発注した商品を目立つように陳列し、声かけをして、自らの責任で売り切ろうとする。販売の結果を検証し、仮説どおりであれば、やりがいを感じ、失敗すれば、そこから学び、次の仮説に活かしていく。学生のアルバイトにも、「仮説・検証」を実践させるのは、仕事にやりがいと達成感を感じ、挑戦する意欲を喚起する意味合いもあるのです。

積極的に取り組む意欲は、接客という、もう1つの柱の仕事にも表れます。モノが余り、消費が飽和した今の時代は、お客様も積極的に購買する意欲が薄らいでいます。そこで、質の高い新しい商品を開発し続ける。同時に、各店舗でアルバイトやパートのスタッフが接客でお客様におすすめして、こちらからアプローチし、購買意欲をそそる。接客の意味合いがいっそう重要になっています。

あの店に行くと、いつも新しい商品が並んでいて、スタッフの接客もいい。ならば、近くのコンビニより、その先のセブン-イレブンを利用しよう。そうしたお客様の意識が、全店平均日販で他チェーンより12万円以上も高い数字となって表れるのです。

アルバイトやパートのスタッフも、仮説を立て挑戦し、それが成績に結びつく。セブン-イレブンでこの好循環が回るのは、楽な仕事の仕方をするより、挑戦することを「当たり前」とするDNA

鈴木敏文（すずき・としふみ）
1932年長野県生まれ。中央大学経済学部卒業後、書店取次大手トーハン入社。その後イトーヨーカ堂に移る。1973年セブン・イレブンージャパンを設立し、コンビニエンスストアという業態を全国に広め小売業界を変革した。2003年勲一等瑞宝章受章。同年中央大学名誉博士学位授与。経団連副会長、中央大学理事長等を歴任。

が、創業以来、浸透しているからです。

創業時はスーパーマーケットなど大型店の全盛期で、コンビニのような小型店は失敗すると社内外から反対されました。何としても成功させるため、セブン‐イレブンは既存の常識を次々と打破してきました。年中無休のため、問屋に正月も配送を求め、猛反発されたときもそうです。倉庫を借りて暮れのうちに正月分を確保し、自分たちで車で運ぶ案が社内で出ましたが、私は突き返しました。楽な仕事の仕方へと流れたからです。

当時は合計15店舗の規模だったので、それでも対応できます。しかし、これから先500店、1000店と拡大したらどうするのか。初めから仕組みをつくるべきで、困難でも問屋を説得し、新しい仕組みづくりに挑戦させました。

セブン‐イレブンの1号店が東京・豊洲に開業したのは1974年5月15日でした。それから40年。自分で考え、挑戦するDNAは今も、本部と約1万7000の店舗で継承され、第一線で活躍するアルバイトやパートも、挑戦することを当たり前として日々実践します。仮説も立てず、単に売れたのと同じ数だけ発注するやり方では、お客様のニーズに応えられず、やりがいも生まれません。

セブン‐イレブンの各店舗は「個店主義」といって、掲げている看板は同じでも、店舗経営の仕方は、商圏、立地、お客様のニーズの違いに応じて、それぞれが主体性を持って創意工夫するため、1つとして同じお店はありません。

この本で、セブン‐イレブン流経営学とともに、いくつかのお店の例が紹介されています。個々の取り組み方は違っても、オーナー、店長、アルバイトやパートのスタッフが、挑戦することを当たり前として、日々の仕事に向き合っている姿が伝わることでしょう。

# 01 仮説力に必要なのは「疑問力」

## 「作業」と「仕事」は意味が違う

セブン-イレブンでは「発注分担」といって、アルバイトやパートも商品の発注を行う。業績を左右する重要な仕事をなぜ、こなすことができるのか。本部側のトップ、鈴木敏文会長兼CEO（最高経営責任者）によれば、「仮説・検証」の仕事の仕方を身につけるからだという。

「明日の売れ筋は何なのか、仮説を立て、発注し、結果をPOS（販売時点情報管理）システムのデータで検証する。このとき、重要なのが天気予報や行事予定など、〝明日のお客様〟の心理や動きを察知するための先行情報です。POSは明日のお客様のデータを出してくれません。明日は今日と違って何が売れるか、仮説を立てないとわかりません」

いかに仮説力を身につけるか。1章ではセブン-イレブン流「仮説力・演出力」を学ぶ。店舗での取り組みを見てみよう。

東京・練馬区のA店でアルバイトを始めて3年目の定時制高校3年のK君は、弁当、おにぎり、めん類など、主力商品の発注を任されている。最初は売れ筋がうまく読めなかった。

試行錯誤を続けると、日によって売れる商品に違いがあることに気づいた。「どうしてだろう」。疑問に思い、理由を探ることで、自分なりに仮説の立て方を身につけていった。

「めん類も気温が30度近いと冷たいめんが人気で、25度くらいに下がるとスパゲティがよく出る。平日は工事関係者の来店が多く、雨の日は少ない。街道沿いなので土曜日は行楽客が多いけれど日曜日は少ない。天気予報や曜日に応じて、発注の仕方を考えるようになり、仕事が楽しくなりました」

とK君。鈴木氏は、仮説づくりは「どうしてなのか」と疑問を発することから始まるという。

「新しい仕事を始めようとするとき、人はとかくすでにある答えを〝勉強〟しようとしますが、仮説の力は勉強では身につきません。どうすれば仮説を立てられるのか。頭の中を白紙にして、なぜなのか、本当にそうなのかと、クエスチョンを発し続ける。すると、自分なりの仮説が浮かび上がります。何も疑問に思わない人には仮説は立てられません」

そこには単なる「作業」と「仕事」の違いがあるという。

「単なる〝作業〟はすでにある答えに従って行うのに対し、本当の〝仕事〟は自分で疑問を発し、答えを出していかなければならない。発注は作業ではなく仕事です。困難でも自分で答えを出し、成果に結びつけばやりがいになり、面白みが増して、もっといい答えを出そうとする。作業はいつまで経っても時間の切り売りのままで、そこから先へは進みません」

高校生にも「仕事」を求める。それがセブン-イレブンだ。

HOP H

## セブン-イレブン流
## 「仮説・検証」の仕事術

仮説 ← 先行情報

天気予報、地域行事やイベント情報、
年中行事、週末、給料日、
ＰＯＳデータの数字の新しい動き…
など、明日の顧客のニーズを
察知させる情報

↓
商品発注
↓
検証 ＝ ＰＯＳデータで結果を検証する

STEP S

## どうすれば仮説力が身につくのか？

目の前にある現象：日によって店の売れ筋が変わる

仮説を立てられる人

↓
❶「なぜなのか」と疑問を抱く
↓
❷気温の変化による売れ筋の
違いに気づく
↓
❸明日は30℃以上になるので
冷たいめんが売れると仮説立案
↓
いい「仕事」をして、業績もアップ

仮説を立てられない人

↓
❶特に疑問を抱かない
↓
❷何の気づきもない
↓
❸いつもと同じ発注をする
↓
単なる「作業」しかできず、
店はマンネリ化する

JUMP J

鈴木敏文 1Point Lesson

## 仮説づくりは「なぜなのか」と
## 疑問を発することから始まる

## 02

# 仮説力には「妥協しない心」が大切

## 挑戦するには自分で自分に妥協しない

仮説を立てられる人と立てられない人はどこが違うのか。仮説力は「挑戦する心」が支えると鈴木氏はいう。

「仮説を立て、実行するのは1つの挑戦です。どこまで挑戦するかは、裏返せば、どこで妥協するかです。当然、挑戦には失敗もともないます。人間は誰しも自分を守りたい本能を持っていて、失敗をおそれる心理も働くでしょう。

ただ、もし、今の自分を変えたい、よりよく仕事をしたいと思ったら、一歩踏み込み、仮説を立てて挑戦する。それには自分で自分に安易に妥協しないことです」

東京・練馬区のセブン-イレブンB店でアルバイト歴1年、19歳のM子さんは、デザート類の発注を任された。初めは売れ残って廃棄が出はしないか気になり、「昨日5個発注したら今日も5個」と消極的な発注しかできず、成績は前年割れが続いた。そんなとき店長から、「廃棄にとらわれず、自分で考え、思ったとおりにやってごらん」と声をかけられた。

背中を押されたM子さんは顧客に目が向くようになった。夜や早朝の時間帯にもお店に出てみると、商品の売れ方に波があることに気づいた。本人が話す。

「同じ平日でも和菓子が売れる日と洋菓子が出る日がある。同じ日でも昼はお年寄りの来店が多く、和菓子が売れ、夜は若い人が多くて洋菓子が人気。客層の違いや売れ筋の違いに気づいたんです」

M子さんは曜日により、仮説を立てて発注の仕方を変え、売り場も時間帯によって陳列に変化をつけるようになった。ケーキ類は皿の上に置くなど、飾り付けも工夫。販売成績もついに前年を上回るようになった。

「私は自分を抑えがちで、ついまわりに合わせてしまうんです。でも、思うとおりにやっていいといわれてから、今の状態を変えようと思いました。うまくいくようになって、本当に仕事が楽しくなりました」

ポップ等の販促物も初めは「ほかの棚の邪魔にならないように」と小さめにしていたが「新商品は大々的に展開しよう」と、棚が隠れるほどの大きさに挑戦。自分で殻を破っていった。

仮説を立てて挑戦するときの目安を鈴木氏はこう話す。

「何かを思いつき、仮説を立てたら、一度、実現可能性をシミュレーションしてみることです。100%成功が保証されることはありえないにしても、自分の中で可能性が7割ぐらい見えたら挑戦すべきです」

仮説で7割可能性が見えたら、失敗を気にする自分に自分で妥協せず、一歩踏み出そう。

# 仮説づくりは「自分に妥協しないこと」から始まる

仮説を立てて実行する ⟷ 失敗を恐れる自分を守りたい

↓ 挑戦する　／　↓ 妥協する

どこまで挑戦するか
どこで妥協するか

↓

よりよく「仕事」をしたいと思ったら
自分で自分に妥協しない

↓

挑戦するときの目安はどんなものか

仮説を立てたら、実現可能性を
シミュレーションしてみる

↓

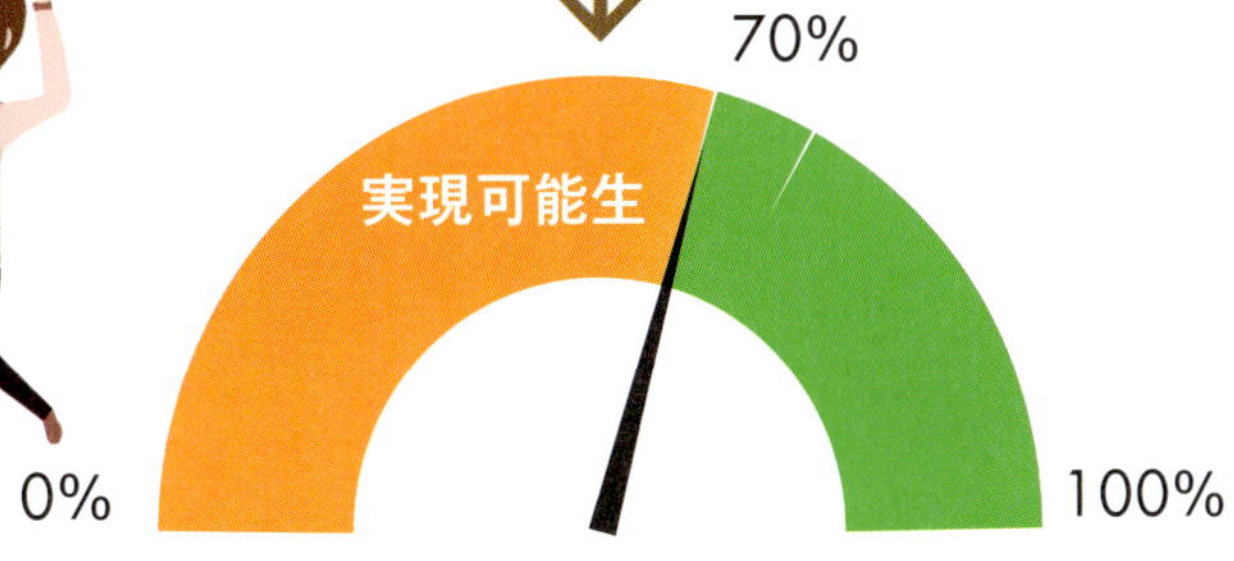


鈴木敏文 1Point Lesson

## 実現可能性が７割見えたら挑戦しよう

セブン-イレブン流
「仮説力・演出力」を
つける

03

# 仮説とは「思い」を伝えること

## 「川モデル」ではなく「井戸モデル」で考える

仮説を立てるには、どのような発想をすればいいのか。

ここで鈴木流の心理学経営が登場する。本人が話す。

「お客様のニーズについて仮説を立てるには、心理を読まなくてはなりません。ではどう読むか。われわれも仕事を1歩離れれば、顧客になる。誰もが売り手であると同時に買い手でもある。顧客の心理はみんな持っていて、買い手の気持ちになって考えることは誰でもできる。仮説を立てるときは、自分の中にもある顧客の心理を呼び覚ますことです」

練馬区のセブン-イレブンA店でアルバイトを始めて3カ月、20歳のR子さんの例を見てみよう。任されたのはデザート類の発注。前出のM子さんと同様、初めは、全種類について、「昨日5個なら今日も5個」といった発注を行い、結果、売れ筋は欠品し、別の商品は棚にあふれる始末だった。

そんなとき、オーナーから、「自分流の売り場をつくってみたら」といわれたR子さんは、ふと思い当たった。

「オーナーのいう自分流とは、〝これを売りたい〟という。〝思い〟を伝えることではないか。今の自分は、お客様に何も伝わらない発注の仕方をしている」

以降、R子さんは、「これを売りたい」と思い、発注した商品については自分で試食し、手づくりポップに感想を書き加えるなど、「思いを伝える発注」に注力するようになった。

注目すべきは、自身も持つ「顧客としての思い」を掘り下げたことだ。給料日後は奮発してデザートを買おうと思うのはみんなも同じではないか。ならばおすすめをしてみよう。

暑い日は自分ものどごしのよい冷たいデザートがほしい。明日はそれをおすすめしよう。天気予報や行事の情報に目を配り、自分なりに仮説を立てた発注を習得していった。

「前はデザートの前を素通りしていたお客様にも、足を止めていただけるようになった。断然面白くなりました」

顧客のニーズのとらえ方には「川モデル」と「井戸モデル」がある。過去の経験やデータから顧客は川の向こう岸のこの辺にいると考え、ボールを投げるのが川モデルだ。しかし、変化の激しい時代には顧客はもう先に行っている。

一方、鈴木流の仮説の立て方は、井戸モデルだ。自分の井戸を掘り下げると、自身も持っている買い手としてのニーズがわき上がる。それは地下で顧客の井戸とつながる。

R子さんは「思いを伝える発注」をしようとして、心理を掘り下げ、自分と顧客の「思い」を結びつける地下水脈を見つけた。発注の仮説を立てるには、心理を読む井戸モデルの発想が大切になることを、R子さんの気づきは物語っている。

## 「川モデル」と「井戸モデル」は
## どう違うのか？

### 川モデル

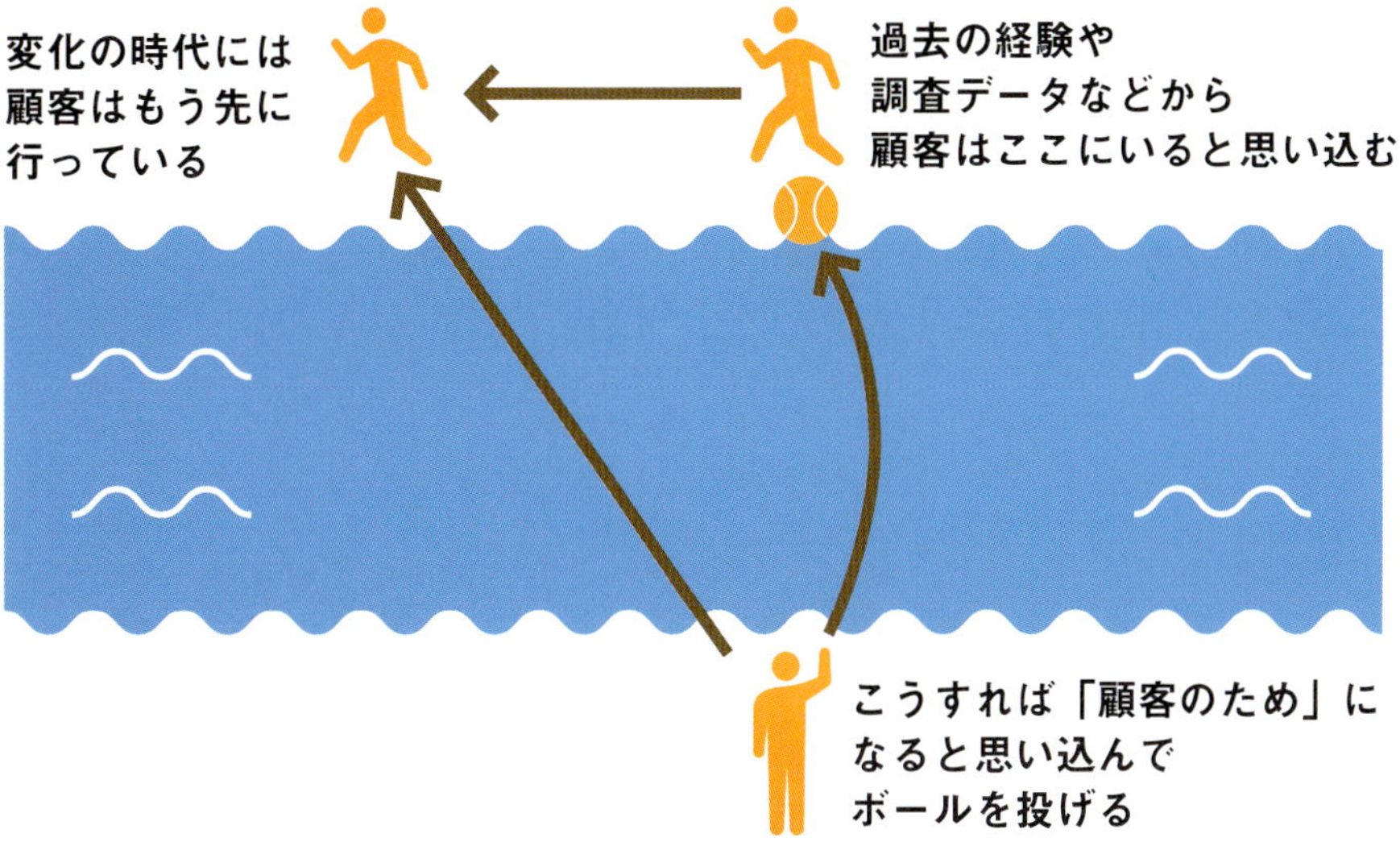
変化の時代には
顧客はもう先に
行っている
過去の経験や
調査データなどから
顧客はここにいると思い込む
こうすれば「顧客のため」に
なると思い込んで
ボールを投げる

### 井戸モデル

自分の井戸を掘り
顧客の心理を掘り起こす
顧客もまだ気づいていない
潜在的ニーズ
顧客
顧客の
井戸

潜在的ニーズの地下水脈を掘り当てることができる

鈴木敏文 1Point Lesson

## 顧客と結びつく
## 「地下水脈」を見つけよう

# 04 仮説は常に「顧客の立場で」考える

## 「顧客のために」と「顧客の立場で」は違う

川モデルと井戸モデルの違いは、「顧客のために」と考える発想と「顧客の立場で」考える発想の違いともいえる。川モデルは過去の経験などから顧客は川の対岸のここにいると思い込み、こうすれば「顧客のために」なると考えてボールを投げる。変化の時代には顧客はそこにはいない。

一方、井戸モデルは自分の井戸を掘り、自身も持つ顧客としての心理を掘り起こし、「顧客の立場で」考え、地下水脈でつながる顧客のニーズを探りあてる。

「〝お客様のために〟ではなく、〝お客様の立場で〟考える」とは鈴木敏文会長の口癖だ。その違いをこう説明する。

「〝お客様のために〟といいつつ、売り手の都合やできる範囲内で考えていたり、過去の経験から、お客様のニーズはこうだと決めつけていたり、〝売り手の立場で〟発想していることが多いのです。〝お客様の立場で〟考えるときは、自分たちの過去の経験を否定し、売り手の都合に反することも実行しなければなりません。同じようで意味が違うのです」

大ヒットした「金の食パン」も、「顧客のために」の発想からは生まれなかった。金の食パンは1斤が250円とセブン-イレブンでもNB商品の1・5倍以上、PB商品の2倍の値段だ。

金の食パンの開発を発案したのは鈴木氏自身で、「もっとおいしい食パンがあってもいいはず」と考えたことがスタートだった。それは、自ら持っている顧客としての心理を掘り起こし、「顧客の立場で」考えて生まれたアイデアにほかならなかった。生地を手でこねるという、大量生産には不都合な工程も入れている。結果、金の食パンは顧客の圧倒的な支持を得ることができた。鈴木氏が話す。

「お客様のニーズは目まぐるしく変わりますが、誰が変化を起こしているかといえば、私たち一人ひとりが変化を起こしている当事者なのです。私自身、顧客の心理を持っているから、〝お客様の立場で〟新しいことが考えられる。

ところが、誰もが仕事になると、買い手としてのニーズを忘れ、売り手の都合にすり替わってしまう。自分が顧客のときには、完売だと、なぜないんだと不満に思うのに、売り手の立場になると、完売後に来たお客様が文句をいうと、口では謝りながらも、心の中では客の身勝手だと思う。1番いけないのはその都度、立場を使い分けることです」

仮説を立てるときは、売り手の立場で「顧客のために」と考えるのではなく、必ず、「顧客の立場で」考える発想を忘れてはならない。

# 「顧客のために」と「顧客の立場で」は同じようで違う

**「顧客のために」と考える**

↓

「顧客のために」といいつつ

↓

過去の経験をもとに
「顧客はこういうものを求めている」
と、決めつけや思い込みで
考えている場合が多い

売り手の「都合の範囲内」、つまり、
「売り手の立場で」発想している
ケースも多い

**「顧客の立場で」考える**

↓

「顧客の立場で」考えるには…

↓

自分も持っている
「顧客としての心理」を掘り起こし、
顧客の潜在的なニーズを読む

それには、売り手としての
過去の経験や自分たちの場合を
否定できなければならない

↓

## 「仕事力＝10」のレベルの店が2店あったとすると——

「うちは
『お客様のために』、
一生懸命頑張ります」

A店

↓

10のレベルの範囲内で
一生懸頑張る

↓

「うちは
『お客様の立場で』考え、
やるべきことをやります」

B店

↓

10のレベルの範囲内で
実現できなければ、
限界を超える方法を考える

↓

A店とB店とでは、大きな差が生じる

鈴木敏文 1Point Lesson

# 自身の「顧客としての心理」を掘り起こす

# 05

# 「素人の仮説力」はプロをしのぐ

## 変化の時代には「自分はプロ」の意識は意味がない

セブン-イレブンではなぜ、アルバイトやパートのスタッフにも発注を任せるのか。それは「素人の仮説力」を高く評価するからだ。鈴木氏がその理由を説明する。

「重要な仕事は経験豊富なプロに任せるべきだといわれますが、〝自分はプロ〟と思い込んでいる人ほど判断のズレが生じやすい面もあります。過去の経験や知識を過信し、自分を否定的にとらえ直すことがなかなかできないからです。

一方、過去の経験に染まっていない純粋さが素人の強さです。例えば、冬でも明日はかなり気温が上がるという予報があったら、冷やし中華は夏、という固定観念にとらわれず、お客様の心理を読んで、仮説を立て、発注できる。

お客様のニーズがどんどん変化する今の時代には、仮説を立てる際、〝自分はプロ〟という意識は意味を持たず、むしろ素人のような発想ができるかどうかです」

東京・大田区のセブン-イレブンC店でも、発注はスタッフが分担するが、オーナーは「自分がやるより発注精度が高い」と話す。

「本部のOFC（店舗経営相談員）に、〝この新商品は人気が高いので10個とってみませんか〟とアドバイスされたとき、ぼくら経営者は〝これまでの経験からうちはそんなに売れないのではないか、5個に抑えてもいいのではないか〟などと、一瞬迷ったりする。それでは典型的なマンネリ化です。

これがアルバイトの子だと〝人気があるならやってみましょう〟とすぐに反応して10個とる。そして、自分の責任で仕入れたのだから、どうすれば売れるだろうと考えて、本当に10個売っていきます」

C店では、女子高生アルバイトから、「クリスマスマスにはデート中の彼と彼女がエチケットでガムを買う」「正月はおばあちゃんの家に来てお年玉でリッチな子供をターゲットにポケモン関連を充実」といった仮説が提案される。

素人だからこそ、顧客と同じ生活感覚を持って、挑戦できる。前例にとらわれない自由で新しい発想がお店を活性化させるわけだ。

「よく、経験豊富な人が〝私の経験では〟と話すのは、たいてい〝私にとってやりやすいやり方は〟という意味です。過去の経験から、顧客とはこういうものだと思い込み、新しい情報がもたらされても、自分に都合の悪い話は聞こうとしない。明日に向けた仮説づくりは、なまじ、〝名ばかりのプロ〟より、素人のほうが戦力になるのです」（鈴木氏）

仮説を立てるときは「素人の純粋さ」を忘れないことだ。

# 「素人」と「名ばかりのプロ」はどう違うか

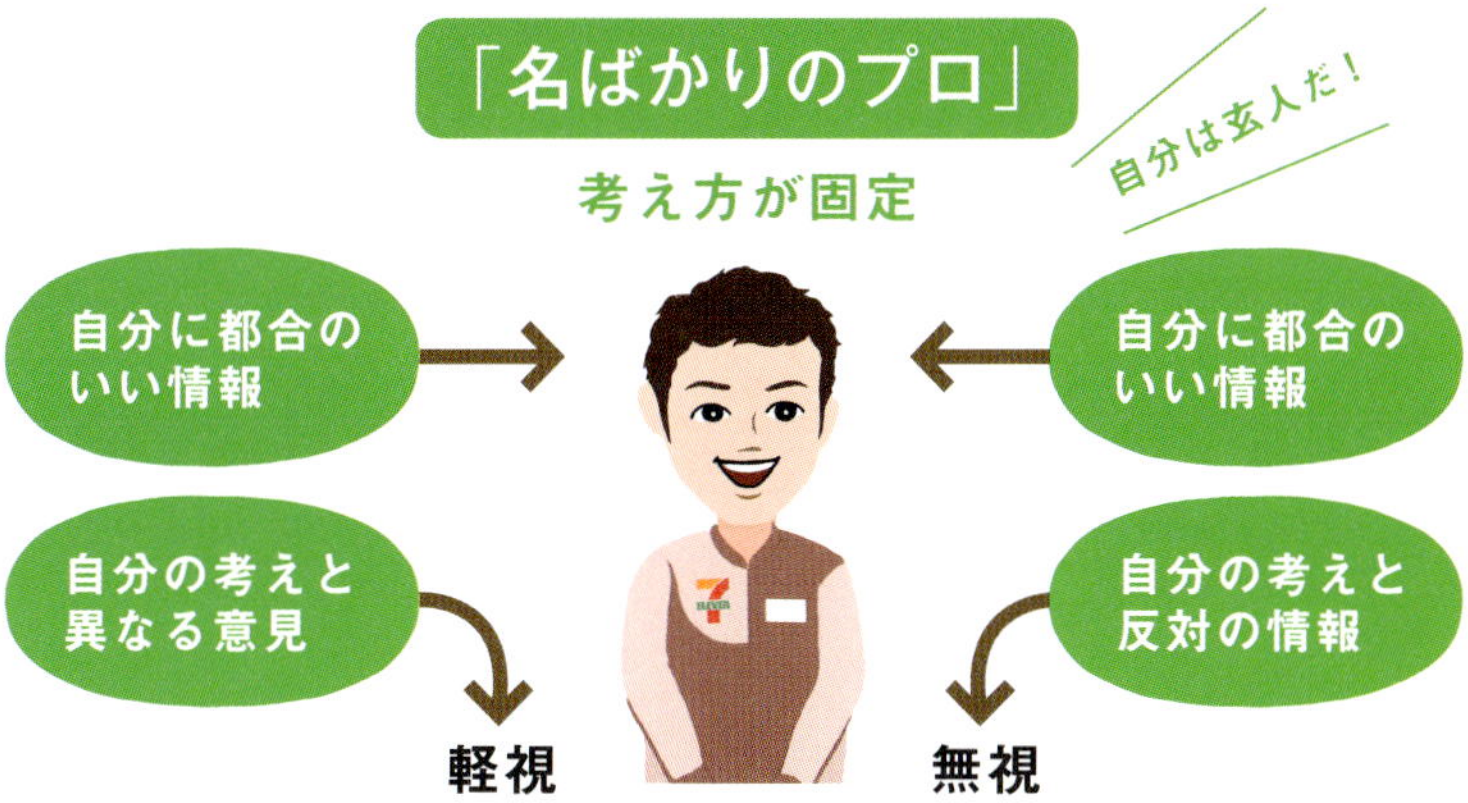
「名ばかりのプロ」
考え方が固定
自分は玄人だ！
自分に都合のいい情報
自分に都合のいい情報
自分の考えと異なる意見
自分の考えと反対の情報
軽視
無視

「名ばかりのプロ」は考え方が固定化してしまうと、自分の考えを裏づける都合のいい情報ばかりを集め、反対の情報や異なる意見を無視・軽視する傾向が表れる

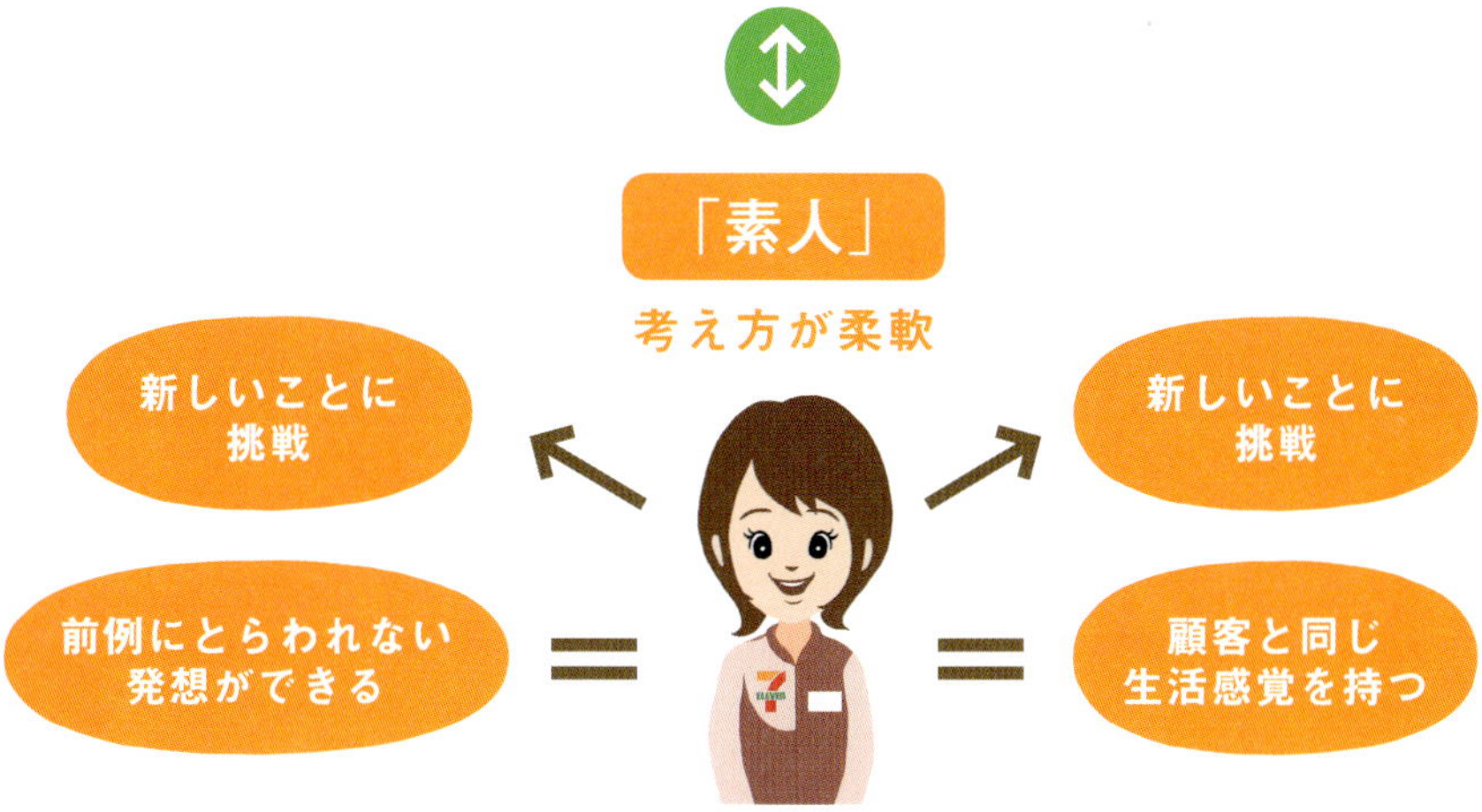
「素人」
考え方が柔軟
新しいことに挑戦
新しいことに挑戦
前例にとらわれない発想ができる
顧客と同じ生活感覚を持つ

過去の経験や既存の常識に染まっていない純粋さが素人の強さ。前例にとらわれない発想で新しいことに挑戦できる

鈴木敏文 1Point Lesson

## 大切なのは「素人の純粋さ」を忘れないこと

# 06 機会ロスを「見える化」する

## 「目に見えない利益」を数字に変える

セブン-イレブン流「仮説力・演出力」をつける

練馬区のセブン-イレブンA店のR子さんも、B店のM子さんも発注を任された当初、廃棄ロスが気になり、「昨日5個なら今日も5個」と消極的なやり方をしていた。

消極的な発注は機会ロスを生む。なのになぜ、売り手は廃棄ロスに目が向いてしまうのか。鈴木会長に説明してもらおう。いかに「仮説・検証」が重要かがわかる。

「廃棄ロスが気になるのは、それが〝目に見える損失〟だからです。数字にも表れます。一方、販売の機会ロスは、直接は目に見えません。人は、目に見えない利益より、目に見える損失のほうを大きく感じてしまう。そのため、廃棄ロスに目を奪われ、消極的な発注を行ってしまうのです。

コンビニの店舗で、商品が棚に10個以上、きちっとフェイス（陳列面）をとって並んでいるとアピール力があり、お客様もそれが〝選ぶ理由〟となって、買ってみようという心理が働きます。売れれば、機会ロスがなくなり、廃棄ロスも最小化されます。

一方、消極的な発注で、3個ぐらいしか置かれていないと、お客様は〝あまりもの〟や〝売れ残り〟と感じ、〝選ばない理由〟になってしまう可能性があります。10個以上並んでいれば売れたのに、売れないまま、機会ロスが生じ、結局、廃棄ロスになりがちです。廃棄ロスのリスクを恐れた消極的な発注が、かえって廃棄ロスと機会ロスのリスクを高めてしまう。悪循環にはまる典型的なパターンです」

本来は目に見えない機会ロスに目を向けさせるためにはどうすればいいのか。鈴木会長はこう答える。

「機会ロスを〝見える化〟するために必要なのが〝仮説・検証〟です。先行情報をもとに、明日の売れ筋について、仮説を立て、思い切って多めに発注する。結果を検証し、仮説どおりに売れていれば、機会ロスが生じなかったことになります。機会ロスになるはずだったものが、仮説を立てたことで、売り上げとなって数字に表れ、見える化されるのです。

もし、仮説を立てずに発注した場合、いつもより多く売れても、その売り上げが何を意味するか検証できず、単に〝よく売れた〟で終わってしまうでしょう。

商品を売るとき、本当に目指すべきは、〝仮説・検証〟によって機会ロスを最小化し、廃棄ロスも最小化することです。〝仮説・検証〟を習慣づければ、機会ロスに目が向き、売り上げも伸びて、廃棄ロスも減る。よい結果が出れば、次もまた仮説を立てようと意欲が高まる。好循環にもっていくことができるのです」

# どうすれば「廃棄ロス」より「機会ロス」に目が向くのか

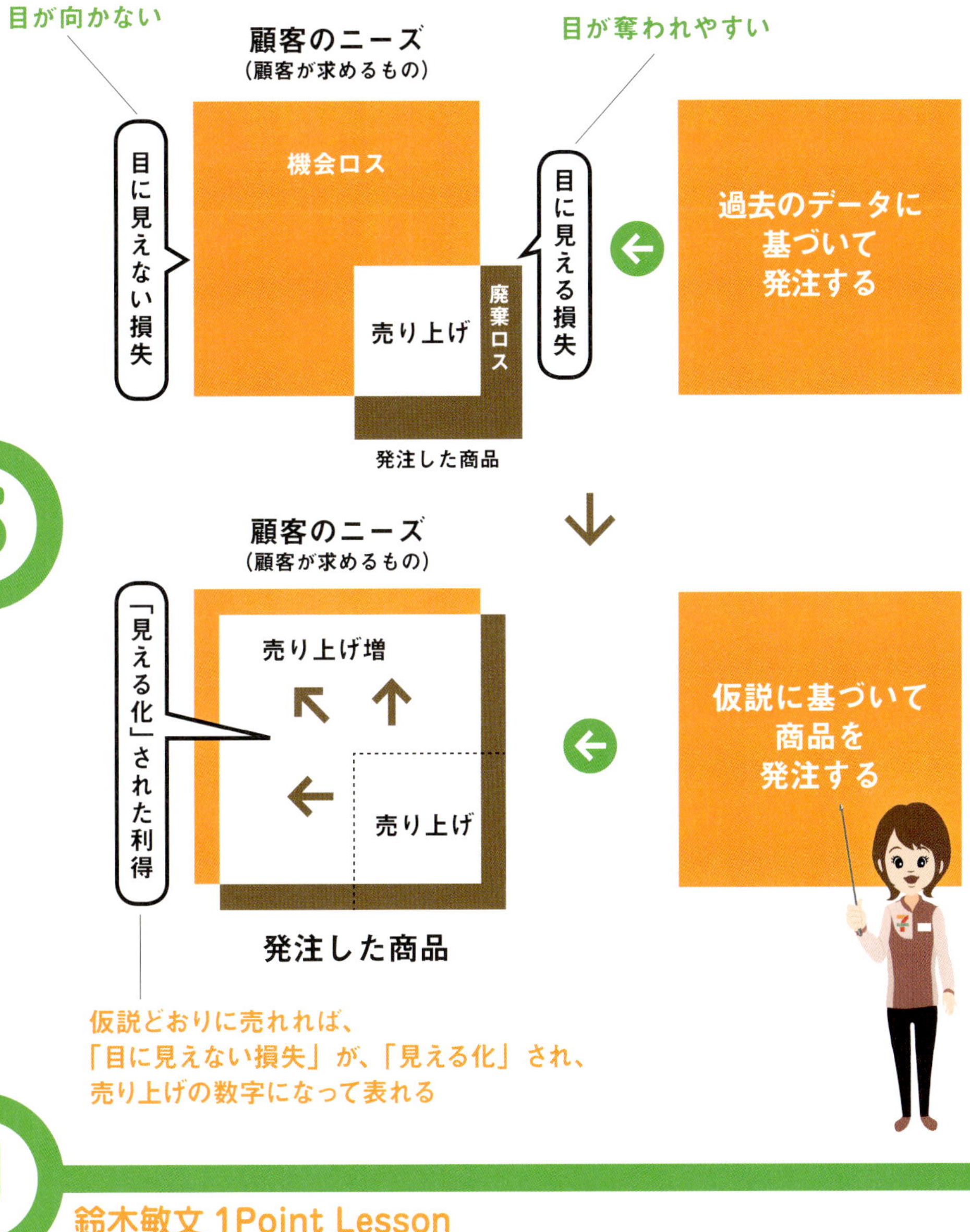

目が向かない
顧客のニーズ
（顧客が求めるもの）
目が奪われやすい
目に見えない損失
機会ロス
売り上げ
廃棄ロス
目に見える損失
過去のデータに基づいて発注する
発注した商品
顧客のニーズ
（顧客が求めるもの）
「見える化」された利得
売り上げ増
売り上げ
仮説に基づいて商品を発注する
発注した商品
仮説どおりに売れれば、
「目に見えない損失」が、「見える化」され、
売り上げの数字になって表れる


鈴木敏文 1Point Lesson

## 「目に見えるロス」に目を奪われてはならない

07

# 演出力で「売る力」を高める

## 顧客にとっての「選ぶ理由」を演出する

セブン-イレブン流「仮説力・演出力」をつける

セブン-イレブンで、仮説力と並んで、求められるのが店舗での「演出力」だ。鈴木氏が話す。

「世の中には、消費者の認知度が一定レベルにまで達すると、急速に上昇カーブを描き始める〝爆発点〟があります。

例えば、セブン-イレブンの店舗で、弁当などの商品が棚に10個以上並んでいると、単品としての表現力やアピール力があり、お客様にとって〝選ぶ理由〟になって、買ってみようという心理が働くと述べました。それはなぜなのか。

爆発点は、商品の陳列にもあてはまり、同じ商品でも陳列量が一定以上になると、顧客認知度が一気に高まって〝爆発点〟に達し、商品を手に取るようになるのです。

仮説を立て、商品を絞り込んだら、フェイス（陳列面）を思い切り広くとって、ボリューム陳列を行うなど、お客様にとっての〝選ぶ理由〟を演出する。それが演出力です」

実際、「品出しの達人」の例を紹介しよう。東京・多摩市のセブン-イレブンD店で働くJ子さんは、大学生のときにアルバイトを始め、「商売人になっては」とのオーナーのすすめもあり、そのまま続けて8年になる。

店内はどの棚も見事にフェイスアップ（商品の陳列面を最前列に揃えてラベルを正面に向ける）され、商品が強く訴えかけてくる。商品が売れて空きができると、奥の商品は「売れ残り」に見えるが、フェイスアップすると印象が変わり、思わず手が伸びる。この陳列を担っているのがJ子さんだ。

「基本はお客様の目線で考えることです」

おすすめの商品は目線の高さの位置でフェイスを広くとる。パンならば、種類ごとにまとまり感を出すと顧客は手を出しやすい。

主力商品は日によって陳列を変える。朝、当日の納品予定、気象情報を確認。前日は気温が高く、冷たいめん類などを思い切り広げたが、今日は低そうなら、温める種類を広く展開し、その日の条件に合った最適の売り場を考える。朝、昼、夜で売れ筋が変わるため、時間帯に応じた変化もつける。

「同じ棚でも、右側から売れる日もあれば、逆の日もある。右の動きが悪いときには、フェイスアップしながら左に移すと売れていく。廃棄ロスを最小限にするには、流れをつかみ、いつも商品が動いているようにするのも大切です」（J子さん）

攻めの陳列をするため、常に顧客と商品の動きに目を配る。

「品出しは演出の第1の要素。きれいに品出しした商品をお客様が楽しそうに買う姿を見るのが1番のやりがいです」

仮説力と演出力、2つが相まって「売れる店」が生まれる。

HOP H

## 顧客が商品を「選ぶ理由」は陳列での「表現力」にも左右される

2～3個ぐらいしか並んでいないと、
顧客は「あまりもの」や「売れ残り」と感じ、
「選ばない理由」になる

10個以上並んでいると、
単品としての表現力があり、
顧客の認知度が高まり、「選ぶ理由」になる

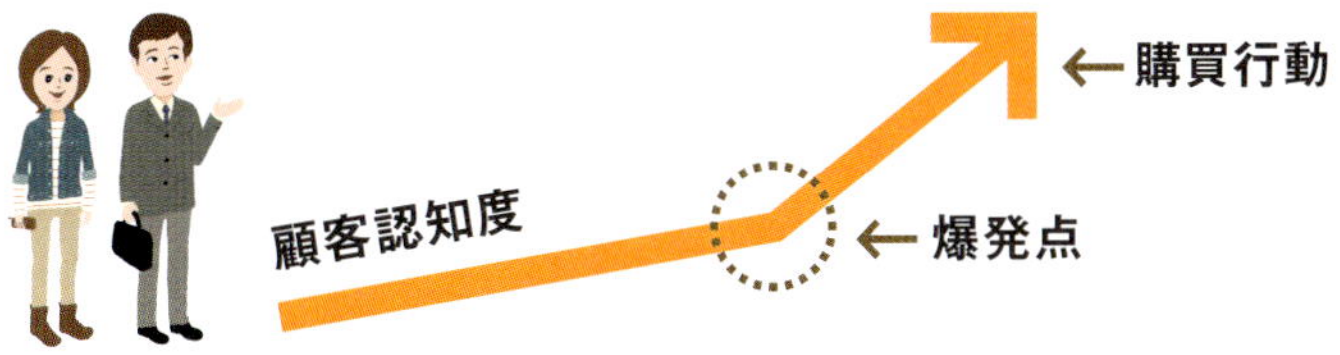


STEP S

**爆発点理論：陳列量が一定以上になると顧客認知度が「爆発点」に達し、購買心理が刺激される**

## 顧客にとっての「選ぶ理由」を演出するには「演出力」が求められる（魅力ある売り場づくり）

例えば、フェイスアップも1つの演出法

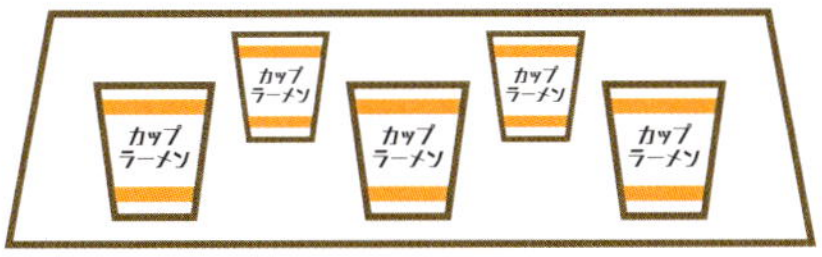


フェイスアップの演出なし

商品が売れて空きができると、
奥の商品は「売れ残り」に見える

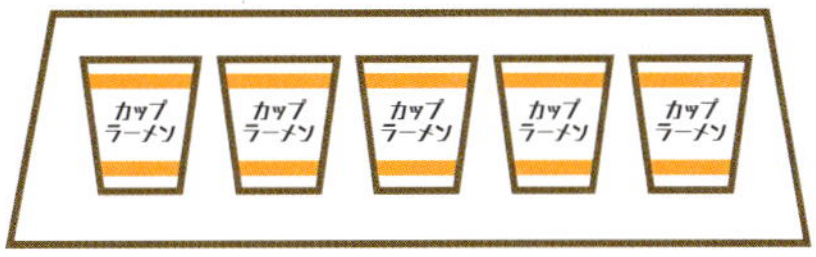


フェイスアップの演出あり

商品が強く訴えかけてきて、
思わず手が伸びる

JUMP J

鈴木敏文 1Point Lesson

## 陳列は「商品＝役者」と考え「演出家」になりきって行おう

## 08

# 演出力で「五感に響く売り場」をつくる

## カレーライスvs.カレーパンの「カレー対決」に学ぶ

セブン-イレブン流「仮説力・演出力」をつける

陳列やポップは、視覚面で顧客の認知度を高め、「爆発点」にもっていく演出だが、聴覚や味覚など、五感に訴える演出もある。鈴木氏が話す。

「例えば、食べものの場合、お客様に、この商品は本当に買っていただく価値があるとわかってもらいたいなら、試食は効果的な方法です。〝コンビニで試食は難しい〟と店側が思ったら、それは勝手な思い込みで、お客様にとっては価値を実感できるサービスになります。

特に重要なのが接客での声かけです。積極的な声かけで買うべき価値をお客様に伝える。なぜなら、接客の基本は、お客様とのコミュニケーションにあるからです」

声かけでは聴覚で、試食では味覚で商品の価値を伝えるわけだ。さらに、東京郊外のセブン-イレブンE店では、視覚、聴覚、味覚に加え、こんな演出をしたこともある。

パート歴2年半のT子さんは米飯やめん類の発注の担当。レジでも、顧客がどんな組み合わせで買っていくか、よく観察し、明日は気温が高そうなら、「冷たいめん類＋お寿司」といったセット買いの仮説も立てる。そんな発注上手のT子さんが、売り込みの演出で大成功したのが、カレーライス対カレーパンの「カレー対決」だった。

夏に向かって気温が高くなり、冷たいめん類に人気が集まる一方で、弁当が思うように売れなくなってきたときのことだ。暑い日でも食べたくなるものはないかと打開策を考えて浮かんだのがカレーライスだった。カレーといえば、カレーパンもある。ここに対決企画が生まれた。

当日は、絵の得意なスタッフが描いたポップを掲げ、店内にカレーのサンプルを並べて匂いをただよわさせ、カレーをイメージする音楽も軽く流し、全員で声かけをして売り込んだ。カレーライスも、カレーパンも飛ぶように売れた。

「お客様は、昼食用に何を買うか、来店されてから見て決めます。カレー対決のときは、カレーの匂いも手伝って、〝カレーが食べたいな〟って思っていただけた。積極的な発注、目を引く陳列、声かけ、そして、匂い。大成功でした。これが売り場づくりの面白さです」（T子さん）

こうした店舗での演出の意味合いを鈴木氏はこう話す。

「品出しの広いフェイス、声かけ、試食などは、お客様の背中を〝もうひと押し〟する仕かけです。今はモノ余りの時代、消費者は商品を選択することに疲れているともいわれます。だからこそ、商品の価値をさまざまな演出法で伝え、〝もうひと押し〟する演出力がますます重要になっているのです」

# 「五感に響く売り場」をつくる

聴覚に訴える
恵方巻、いかがですか。
セブン-イレブンのおでん、おいしいですよ
おいしそう。買ってみよ
お客様
視覚に訴える
フェイスを思い切り広くとる
POP
POP
POP
手書POP広告をつける
嗅覚に訴える
東京郊外のセブン-イレブン取り組み例
店内にカレーの匂い
カレー対決
味覚に訴える
新商品の○○です。一口いかがですか。
新商品の試食を行う
顧客の商品に対する認知度が急速にアップ！
購買行動
顧客認知度の爆発点

鈴木敏文 1Point Lesson

## 五感を刺激して顧客の背中を「もうひと押し」する

09

# 仮説力と演出力で「横の連携」を生む

## 「言葉の裏づけ」を共有してチーム力を高める

お店の運営にはスタッフの仮説力や演出力を高めると同時に、チーム力も必要だ。チームづくりに重要なのは、「言葉の裏づけ」を共有できることだと鈴木氏はいう。

「それぞれ出身母体が異なる人々が集まってチームができたとき、最初に直面するのは〝言葉が通じない〟問題です。同じ単語でも意味や背景にあるものが異なるからです。

言葉は本来、1つの記号にすぎません。大切なのは、言葉の背景にある裏づけ的な意味合いを全員が理解し、その言葉によってみんなが動くようにすることです」

例えば、「発注」という言葉も、セブン-イレブンでは、「明日の顧客」に向けて仮説を立て、「この商品をおすすめしよう」という発注者の思いが込められる。「陳列」も、演出により顧客の認知度を高めたいとの思いが込められる。こうした裏づけ的な意味合いを共有すると、チーム内で強い横の連携が生まれるというわけだ。

東京・足立区のセブン-イレブンF店のパートのN子さんも、発注の仮説を立て、店舗での演出を考え、自信がついてくるにつれ、気づいたのが横の連携の大切さだった。

「次週のおすすめ商品を決めても、自分1人で売ることはできません。そこで、バックヤードにある連絡ボードに、〝この商品をおすすめしてください〟と書いて全員に伝える。すると、スタッフは一生懸命、フェイスを広くとり、声かけをしてくれる。結果が出たら、〝ありがとう、みんなのおかげ〟と礼を返す。そうやって全員で参加意識を高めました」

発注した商品は深夜便で納品される分もある。すると、深夜組のスタッフが陳列やポップづけを工夫してくれる。深夜組が「これが売れるのでは」と提案した商品について、N子さんが販売に取り組むこともよくある。

ここにあるのは、スタッフ同士の思いの結びつきだ。N子さんは顧客のニーズに応えようとする強い思いを持っている。これがおすすめ商品の仮説を立てる知恵を生み、発注の行動になって表れる。これに呼応して、ほかのスタッフも思いを共有し、知恵を出し、品出しや声かけの演出を行う。これらが結びついて成果が生まれる。

言葉の裏づけが共有されているからこそ、互いの思いを読み取り、横の連携が強まっていく。鈴木氏が話す。

「私が隔週で全国約2500人のOFCを本部に集めたFC会議でフェイス・トゥ・フェイスで語るのも、繰り返し言葉の裏づけを確認するためともいえます。本部も各店舗も言葉の裏づけを共有する。それがセブン-イレブンの強さです」

HOP H

## チームづくりにとって大切なのは「言葉の裏づけ」を共有すること

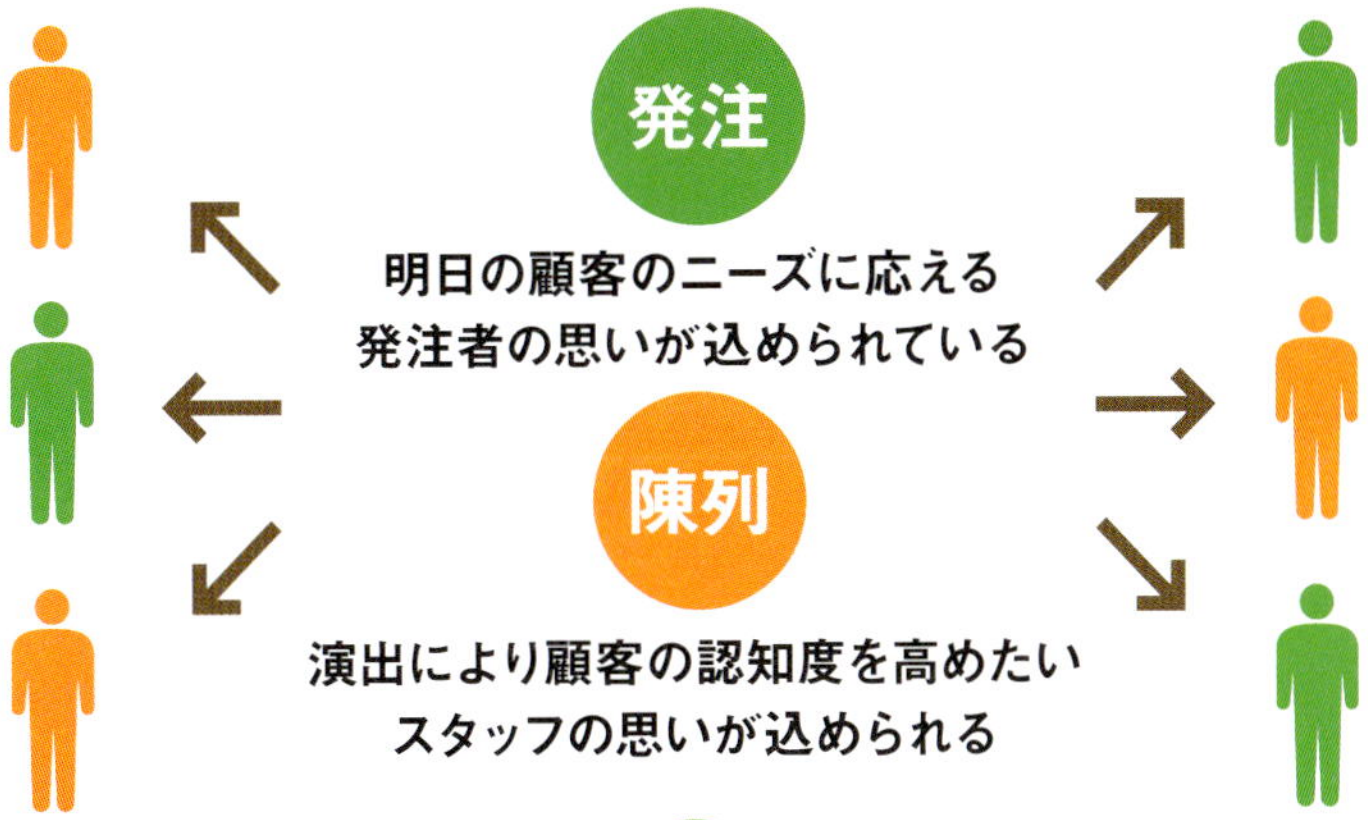

発注
明日の顧客のニーズに応える
発注者の思いが込められている
陳列
演出により顧客の認知度を高めたい
スタッフの思いが込められる


STEP S

## 「言葉の裏づけ」を共有すると「思い」が結びつき、「横の連携」が生まれる

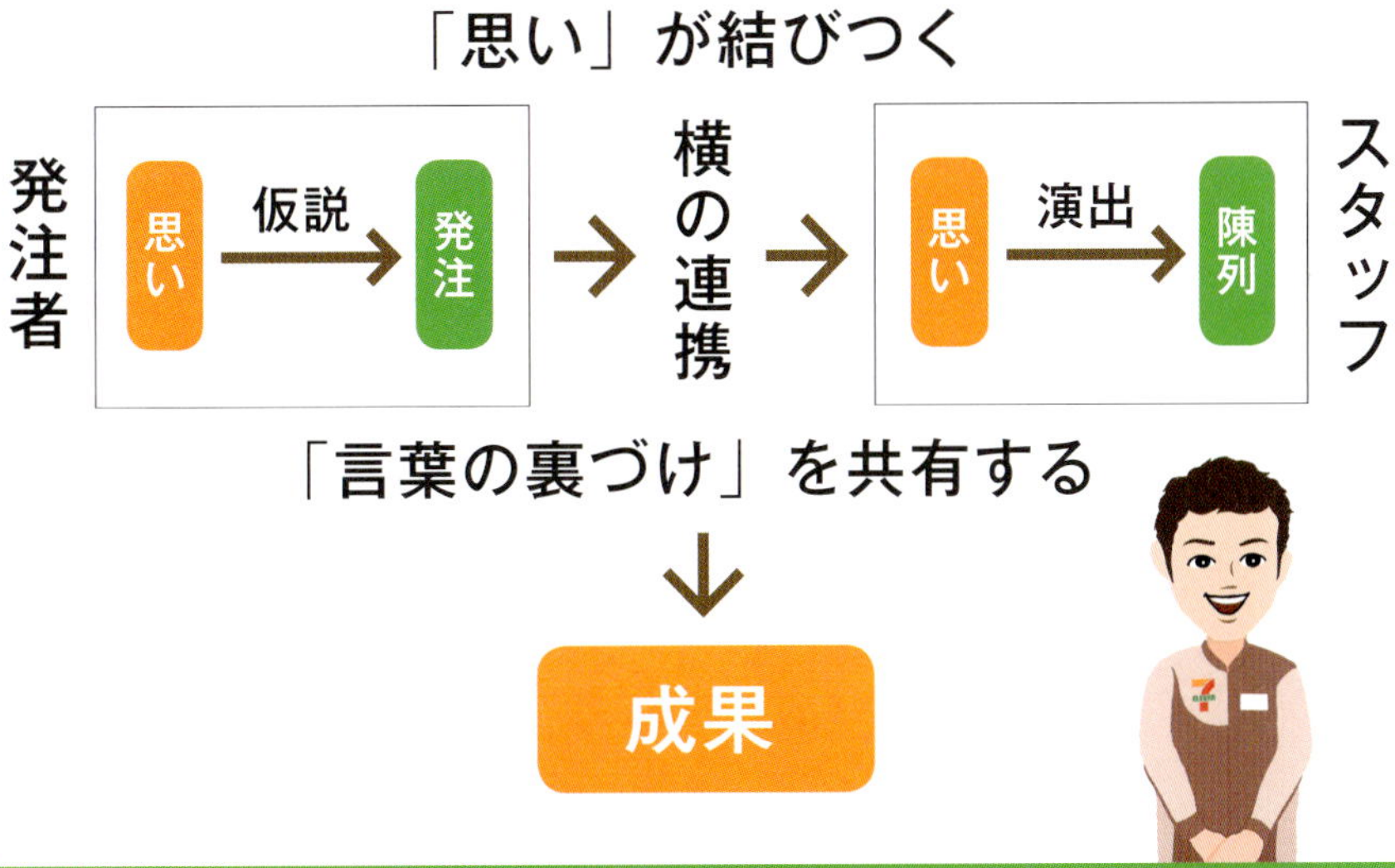

「思い」が結びつく
発注者
思い
仮説
発注
横の連携
思い
演出
陳列
スタッフ
「言葉の裏づけ」を共有する
成果


JUMP J

鈴木敏文 1Point Lesson

## 互いの「思い」が結びつくと成果が生まれる

# 10 「顧客こそ」が最大の競争相手

## なぜ、学生アルバイトでも経営学を語れるのか

なぜ、セブン-イレブンではアルバイトにも「仮説・検証」を実践させるのか。答えは次の言葉の中にある。

「われわれの競争相手は競合他社ではない。真の競争相手は絶えず変化する顧客のニーズである」

世界から注目される鈴木流経営学は独自の発想が特徴だが、鈴木氏のこの言葉はその特質をよく表している。

「セブン-イレブンの店舗で、学生アルバイトも〝仮説・検証〟を日々欠かさず実践するのは、変化するお客様のニーズこそが最大の競争相手だからです」（鈴木氏）

明日の売れ筋は誰にもわからないが、「答え」は顧客の心理の中に潜んでいる。だから、顧客ニーズの変化に置いていかれないよう、常に「顧客の立場で」考え、仮説を立てる。

例えば、練馬区のA店で主力のデイリー商品の発注を担当する定時制高校3年のK君は、「明日の気温が30度以上なら冷たいめん類、25度くらいならスパゲッティ」といった具合に、顧客の心理を読み、仮説を立てる。

「仮説・検証」は、日本初の本格的コンビニチェーンをゼロから立ち上げ、ダントツのトップ企業へと押し上げた鈴木流経営学の根幹をなす。そのため、セブン-イレブンという組織全体も「仮説・検証」のサイクルで回っている。

プライベートブランド（PB）の「セブンプレミアム」も、低価格志向がまん延するなか、「お客様は安さだけでなく、上質さも求めている」と仮説を立て、ヒット商品となった。超人気商品の「金の食パン」も、「みんなもっとおいしい食パンを食べたいはず」という鈴木会長の仮説が出発点だった。

約1万7000店の各店舗単位でも仮説を立てる。夏に向け「暑い日は揚げ物は家ではつくりたくないのでは」と仮説を立て、揚げ物を積極的に提案していこうと目標を明確にする。

そして、店内では合わせて約30万人のアルバイト、パートのスタッフが「仮説・検証」で顧客のニーズをつかむ。こうしてみると、セブン-イレブンは、全体も、どの部分も、同じ取り組みが行われていることがわかる。全体が、各店舗が、スタッフ1人ひとりが「セブン-イレブン」というわけだ。

人は実践を通じてしか育成できず、実践に勝る教育はない。高校生アルバイトも現場で、日々の実践が店の業績にダイレクトに結びつく経験を積み上げていけば、3カ月後には鈴木流経営学が浸透し、知らず知らず、経営学を語るようになるのも、何の不思議もない。

この仕組みをつくれるのはセブン-イレブンをおいてほかにはない。流通業界最強の強さの秘密がここにある。

HOP
H

## 「真の競争相手」は
## 絶えず変化する顧客のニーズ

真の競争相手

セブン-イレブン ⟷ 顧客のニーズ

↓

顧客のニーズに応えていかないと
「競争」に置いていかれる

↓

STEP
S

## アルバイトも「仮説・検証」により
## 顧客のニーズに応え続ける

「答え」は顧客の心理の中に潜んでいる

仮説を立てる → 結果を検証

顧客の心理を読む

↓

アルバイトも「仮説・検証」の実践を積むため
3カ月後には経営学を語り始め
1人ひとりがセブン-イレブンを体現するようになる

JUMP
J

鈴木敏文 1Point Lesson

# 1人ひとりが
# 「セブン-イレブン」

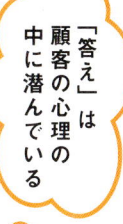

# 11 伝達力の基本は「平易な言葉」を使う

## 高レベルな言葉は聞くほうが疲れるだけ

「仕事に必要な能力の中で、特に重要なのはコミュニケーション能力」だと、鈴木氏はいう。

例えば、セブン-イレブンの現場店舗でアドバイスにあたるOFCは、店の経営責任を負うオーナーを相手に、もし、仕事の仕方に問題点があれば、自分なりの考えを提案し、納得してもらわなければならない。そして、オーナーは店舗スタッフにそれを伝えていく。

2章ではセブン-イレブン流「伝達力・対話力・接客力」の磨き方を見てみよう。話し方、伝え方で何が大切なのか。「話の名手」としても知られる鈴木氏が話す。

「人に対して話すとき、一番大切なのは、自分が伝えたいことを、平易な言葉、平易な話し方でそのまま表現することです。私はいわゆる横文字もなるべく入れないようにします。高レベルな話をすると相手は尊敬の眼差しを向けるかもしれません。しかし、それが続くと相手も疲れてしまう。話をするときは、けっして相手を疲れさせてはいけません」

セブン-イレブンの店舗でも、伝達力に優れたオーナーや店長は、「平易な言葉」の基本を実行しているようだ。

1章で見たように、日本でセブン-イレブンほど、「仮説・検証」という言葉を日常的に使っている現場はない。この「仮説・検証」も、平易な言葉で表現するとどうなるか。

例えば、東京・目黒区のH店では、仮説は「身のまわりの情報をもとに、明日のお客様はどんな商品を求めるかを考え、自分はどの商品を何個、どんな売り場をつくって、どんなふうに売るかを考える」。検証は「POSデータを使って、自分の考えが正しかったかどうか、答え合わせをし、ずれていたらなぜずれたのかを考える」。

「スタッフは若い世代が多いので、〝仮説〟もわかりやすい表現にするとどうなるかを考えた」という。

若手スタッフにとって、用語を一度、自分と顧客との関係にあてはめて表現することで、すんなり理解できる。つまり、その言葉を使う立場に立ったいい換えということだろう。

鈴木氏は平易ないい換えの意味合いをこう話す。

「人間は〝考える生き物〟です。聞き手も、話の意味が理解でき、自分の中にある考えや思いと共感できることが一番うれしい。とすれば、話し手も、同じ人間としての経験に根ざした平易な言葉を使うと共感を得られるのです」

難しいことを難しい用語で話すより、難しい用語も平易な言葉で表現できる人のほうが、伝達力や対話力に優れる。コミュニケーションの基本はここにある。

## 伝達力の基本は「平易な言葉」を使う

### 「仮説・検証」も平易な言葉で表すとこうなる

**仮説**
身のまわりにあるいろいろな情報をもとに
明日のお客様はどんなものを求めるかを考え
自分はどんな商品を何個、どんなふうに売り
どんな売り場をつくるかを考えること

**検証**
POS データを見て
自分の考えが正しかったかどうかを
確かめ、ずれていたら、
なぜずれたのかを考えること

## 人間は自分の考えと
## 共感できるのが一番うれしい

人間は「考える生き物」
自分の中に考えや思いを持っている
相手の話に共感できるのが一番うれしい

鈴木敏文 1Point Lesson

## 人間としての経験に根ざした
## 平易な言葉は共感が得られる

# 12 標語は「話し言葉」にいい換える

## 「標語」を並べても右から左へと抜けるだけ

「平易な言葉」の基本は、「顧客第一主義」や「顧客満足経営」といった標語にもあてはまるようだ。組織のトップや上司も、何かとこの手の用語をかざして話をする。だが、聞くほうは、「どこも同じようなことをいっている」と、右の耳から左の耳に抜け、何も残らないことが多い。

なぜ伝わらないのか。鈴木氏は問題点をこう話す。

「漢字を並べた〝顧客第一主義〟のような標語は相手に理解されるかどうかより、掲げることが目的で、あとは勝手に理解しろ、といった感じです。重要なのはみんなに理解させることで、それには意味を示さなくてはなりません。

私なら、顧客第一主義とは〝常にお客様の立場で考えることだ〟といい換え、こう伝えます。顧客第一主義とは〝お客様のために〟と考えることだと思うだろうが、〝お客様のために〟といいつつ、売り手の立場で考えていることが多い。

大切なのは〝お客様の立場で〟考え、売り手にとって不都合なことでも、お客様にとって好都合で満足につながれば、それを実行することだ。これが本当の解説です」

実際のセブン-イレブンの店舗の例を見てみよう。前項で登場した目黒区のH店では、アルバイトのスタッフたちも、「全員で目的を共有すること」に力を入れている。

そのため、掲げているのが「地域一番店」の目標だ。

その意味合いについて、「地域一番店」とは「地域のお客様に同じ買い物をするならあのセブン-イレブンでしようと思ってもらえるお店だ」と話し、「目的の共有」も「みんなが同じ景色を見て、同じ地図を描けるようになることだ」と伝えている。

大田区のC店では、アルバイトも一緒に店舗運営に参加する「全員参加」がモットーだ。ただ、コンビニの仕事というと、「品物を並べて、掃除をして、レジ打って終わり」といったイメージでアルバイトに応募してくるケースも多い。

そこで採用時に「全員参加」について、「うちでは1アルバイトじゃないよ、発注もやって、陳列の仕方も考えて、店を支えている柱の1本になってもらうからね」と話すという。

「地図」や「柱」の例えを使う。話をするとき、身近な例や例えを入れる伝え方も効果的だと、鈴木氏はいう。

「私も話すことは基本的なことばかりですが、身近な例えを盛り込むと、同じ話でも、新鮮な印象や初めて聞くような感覚を持ってもらえます。大切なのは、相手の腑に落ちることです。どういう伝え方をすれば理解してもらえるか、〝聞き手の立場で〟考える。それがコミュニケーションです」

HOP H

## 標語は「話し言葉」にいい換える

「顧客第一主義」の標語 →  → 右の耳から左の耳に抜け、何も残らない

「顧客第一主義」とは
↓
「常にお客様の立場で考えること」 →  → 意味を理解し、標語を自分の考えや行動に活かすことができる

↓

STEP S

## 身近な例えを盛り込むと聞き手も「腑に落ちる」

例えば、「顧客のために」と「顧客の立場で」の違いを
親子関係にあてはめるとどうなるか

親：「子供のために」なると思って叱る → 自分の過去の経験から、「子供はこうあるべきだ」と思い込み、親の都合で考えていることが多く、子供は反発する

親：「子供の立場で」考えて叱る → 子供を取り巻く環境は昔と変わった子供の心情や事情も理解すれば、叱り方も違ってきて、子供も聞こうとする

JUMP J

鈴木敏文 1Point Lesson

## 相手が「腑に落ちる」よう「聞き手の立場で」考える

13

# 「数字の力」を使うと伝達度が増す

## 販売目標も実感できる数字に置き換える

話に身近な例や例えを入れるとき、数字を盛り込むのも効果的だ。数字の力について、鈴木氏はこう話す。

「例えば、こんな例です。〝スーパーの魚売り場で、同じ魚でも20本並んでいるのと、１００本とではどっちが早く売り切れるか。20本のほうが早いと思いがちだが、実は１００本のほうが早い。インパクトがあり、お客も、みんな買っているようだから自分も買おうという心理が働き、売れ行きはグンと速くなる〟と数字で示す。

単に、〝陳列量の多いほうが売れる、少ないとあまり売れない〟といわれてもピンと来なかったのが、数字が入るとそれは不思議と印象に残り、自分でも試すようになります」

目黒区のセブン-イレブンH店でも、スタッフに仕事のポイントを伝えるとき、数字の力をうまく利用しているようだ。

例えば、セブン-イレブンでは毎年9月に入り、気温が少し下がり始めると、おでんのキャンペーンが始まり、各店舗でも数値目標を掲げる。

H店の場合、まず、キャンペーンの意味合いを、「単に数を売るだけでなく、セブン-イレブンのおでんのおいしさをお客様に知っていただき、寒くなったときに自然と買っていただけるための下地をつくる売り込み期間」といった具合に平易な言葉で伝える。そのうえで、「1カ月で売上高〇〇〇万円を達成し、地区で1位を目指そう」といった目標を掲げる。ただ、販売目標の数値だけを示しても、スタッフにはピンと来ない。そこで、こんな伝え方をする。

仮に1カ月で１００万円の販売目標を掲げたとする。1カ月１００万円を1日換算にするとおでん４００個ぐらいになった。来店客数が1日１０００人ぐらいとすると、10人に1人が４個買ったら４００個になる。実際の売り場にあてはめ、かみ砕いて伝え、誰もが実感できる目標にする。

この例のように、相手に何かを伝えるのは、今ある課題をわかってもらい、行動を引き出すためだ。ただ、現実には行動に結びつかないことも多い。それは「単に〝話しておいた〟ですませているから」と鈴木氏はいう。

「話しておいたから、〝伝わったはず〟と思い、実は相手は何もわかっていない。相手の行動に結びつかなければ、伝えたことにはなりません。コミュニケーションに奇策はなく、相手が動くまで繰り返し伝えることです。その際、同じ話の繰り返しでは相手も疲れるので、聞き手の立場に立って、平易な表現、事例や例えの盛り込み、数字の効果を使うなど、いい換え方を工夫する。それがコミュニケーション力です」

HOP
# H

## 「数字の力」を使うと伝達度が増し 行動を引き出せる

20本並ぶ売り場 ← 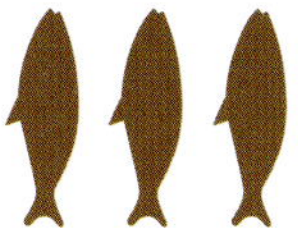 → 100本並ぶ売り場

どちらが早く売り切れるか

↓

100本並ぶ売り場のほうが早い

「陳列の量の多いほうが売れる」と説明するだけより、
数字が入ると印象に残り、自分でも実践するようになる

↓

STEP
# S

## 単に「話しておいた」では 相手の行動を引き出せない

伝える側

伝わったハズ →

← わかったツモリ

↓

ズレがあると
相手の行動は引き出せない

伝えられる側

JUMP
# J

鈴木敏文 1Point Lesson

## コミュニケーションに奇策はなく 相手が動くまで繰り返し伝える

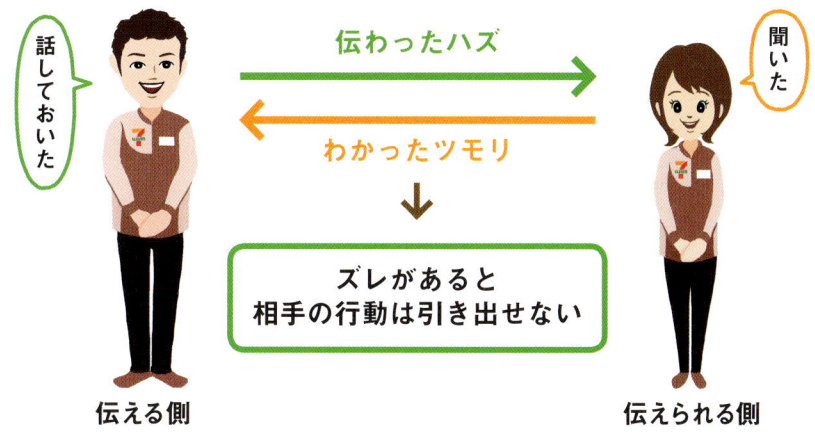

# 14 顧客との「対話」なしではものは売れない

## 今の顧客は「確認したい」意識が強い

これまでは、お店の中やチーム内でのリーダーとメンバーの間の伝達力や対話力について見てきた。次に、店舗での売り手と買い手の関係に目を転じよう。

顧客の心理を中心に考えるセブン‐イレブン流経営では、「接客とは顧客とのコミュニケーション」であり、「顧客との〝対話〟なしではものは売れない」と鈴木氏はいう。

「今の消費者は何を買っていいのか、〝迷う〟というより〝確認したい〟意識が強くなっています。その商品やサービスが本当に自分のニーズを満たしているのか確認したい。

そこで、接客においても、お客様に近づき、買うべき価値があることをお客様に伝えるためのコミュニケーション力が求められるようになっているのです。売り手がお客様と同じ価値観を持っていることを伝える。お客様との〝対話〟なしではものは売れなくなっているのです」

現場の取り組みはどうか。セブン‐イレブンでは電子マネーnanacoカードの入会キャンペーンをよく行う。練馬区のA店のR子さんは1カ月で獲得件数が80件と、2位の30件に水をあけた。初めは型どおりに説明していたが、ふと、「相手の心に残るような接客をしよう」と思い立った。

「型どおりでなく、相手に合わせてnanacoのよさを伝える声かけをしてみたら、自分でもすごく楽しくなったんです。ご年配のお客様には、〝うちの母も使っていて重宝しています、お持ちになると便利ですよ〟とおすすめしたり、相手が同年代なら、〝持っていたらスムーズでカッコイイからつくっちゃおうよ〟ってフランクな感じでやったり。ロボットみたいな接客ではダメだと気づきました」（R子さん）

多摩市のD店で「接客の率先隊長」と呼ばれるS子さんは、店にいる時間のすべてが接客と結びついている。昼休みは新商品の弁当を自分も購入し食べてみる。おいしいとわかれば、「私もさっき食べてみました」と自信を持っておすすめできる。店で売る化粧品も自分で使って試している。実体験をもとに話すと、「伝わるものが違ってくる」という。

「お客様がカウンターのおでんに目をやったら、〝おいしいですよ〟とおすすめする。それを糸口に、お店でもおでんの味の管理にどれだけ気を配っているか、対話のネタになっていく。原因があって、結果がある。私たちは買っていただけるための原因をつくる仕事をしていて、おでんの仕込みも声かけも、全部脈絡がつながっているのです」（S子さん）

「対話」を通し、買ってもらうための「原因」をつくる。コミュニケーションとしての接客の基本はここにある。

HOP H

## 顧客との関係でも「対話」なしではものは売れない

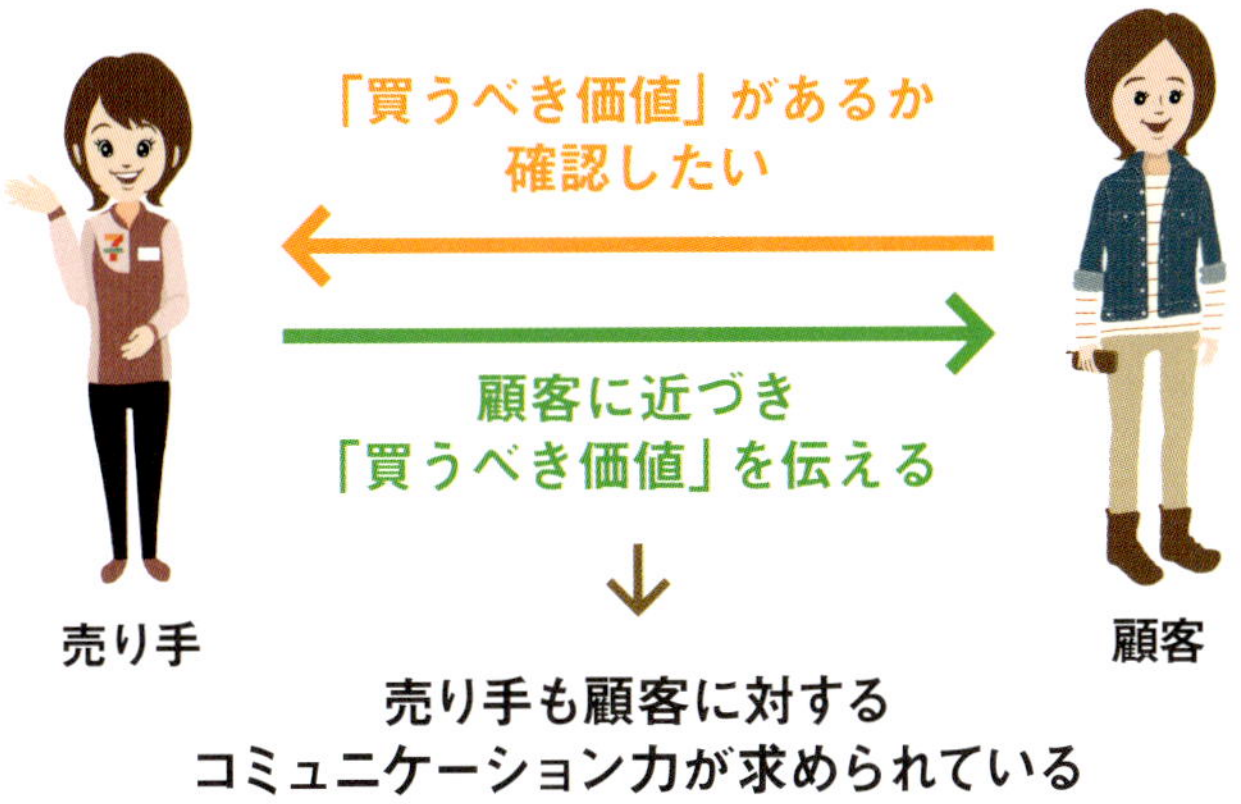


STEP S

## 顧客との「対話」を通して買ってもらうための「原因」をつくる

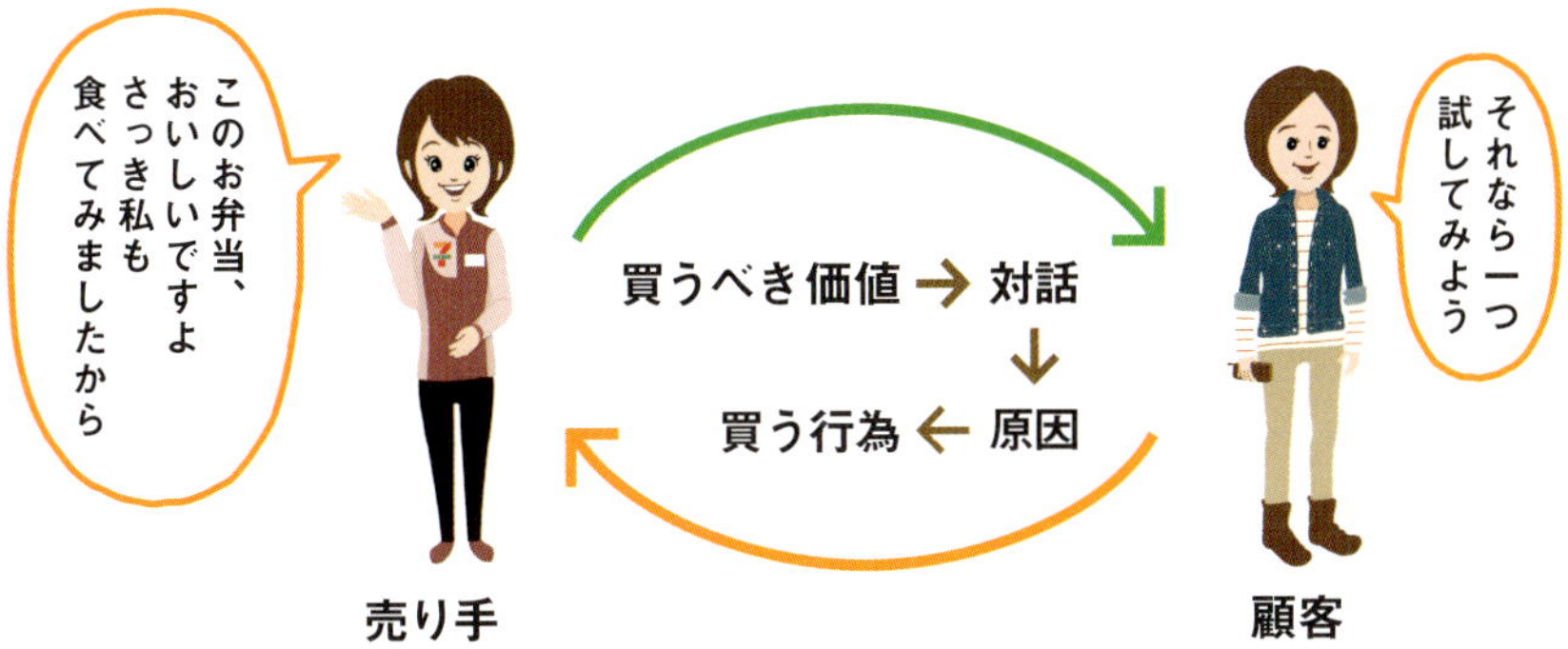


「私たちは買っていただけるための原因をつくる仕事をしていて、おでんの仕込みも声かけも、全部脈絡がつながっている」
（セブン-イレブンD店のS子さん）

JUMP J

鈴木敏文 1Point Lesson

## 接客でお客様に近づき「買うべき価値」を伝えよう

# 15 接客は「される立場で」行う

## 嫌々そうな接客は顧客に見透かされる

接客とは顧客とのコミュニケーション。セブン-イレブンの基本的な考え方を実感するのは、顧客が店内に入ったときのあいさつの励行だ。

あいさつ重視の原則にも、顧客の心理を中心に考えるセブン-イレブン流経営が表れる。なぜ、あいさつが大切なのか。鈴木氏が自身の経験を話す。

「例えば、私も昔、新入社員だったころ、上の人にばったり会って、あいさつしたとき、相手もヤアと会釈してくれると、すごくうれしくなりました。ところが、その人が何か考えごとをしていて気がつかず、知らん顔をされると、相手はそのつもりはなくても、無視されたように感じて傷ついたりしました。

人は〝得るもの〟より、〝失うもの〟を大きく感じる。あいさつも〝される喜び〟より、〝されなかった痛み〟のほうがずっと大きい。コンビニの店舗でもまったく同じです」

だから、接客は「される立場で」行う。

多摩市のセブン-イレブンD店の「接客の率先隊長」、S子さんによれば、1歩踏み込んだ接客は、「相手に気持ちが伝わる接客」だという。荷物が重そうなら、相手によっては袋を2つに分けたり、急いでいる顧客には、よりてきぱき処理して早く終わるようにする。

「自分がお客だったら、こうされたらうれしいなと思うことを行い、嫌だろうなと思うことはしない。基本は簡単です。気持ちが伝われば、お客様からも返ってきます。嫌そうにレジをしたり、ただ淡々とこなしていると必ずお客様にも伝わって、見透かされます」（S子さん）

目黒区のH店のスタッフ、Y子さんは常連客のファンが多い。持ち味は「お客様によって話し方を変える」こと。それは失敗が契機だった。以前はキャンペーンでおすすめをしても、「いらないよ」と断られてばかりだった。

「女子店員だから軽く見られているのかなと、悔しい思いをしました。自分をきちんと見てもらおう。言葉づかいを変えてみようか、〝おはようございます〟とあいさつをしてみようか……いろいろ考え、相手に合わせて話し方を工夫したら、反応がよくなったんです。前は〝おでん、ありますよ〟といったセールス一辺倒の話し方しかしていなかったのです」

顧客との対話も、相手を一度受け入れ、「伝えられる立場で」行う。顧客も自分を理解してくれる人には心を開く。ここに対話の場が生まれる。Y子さんの気づきはコミュニケーションの大切なポイントを示している。

HOP H

## 接客は「される立場で」行う

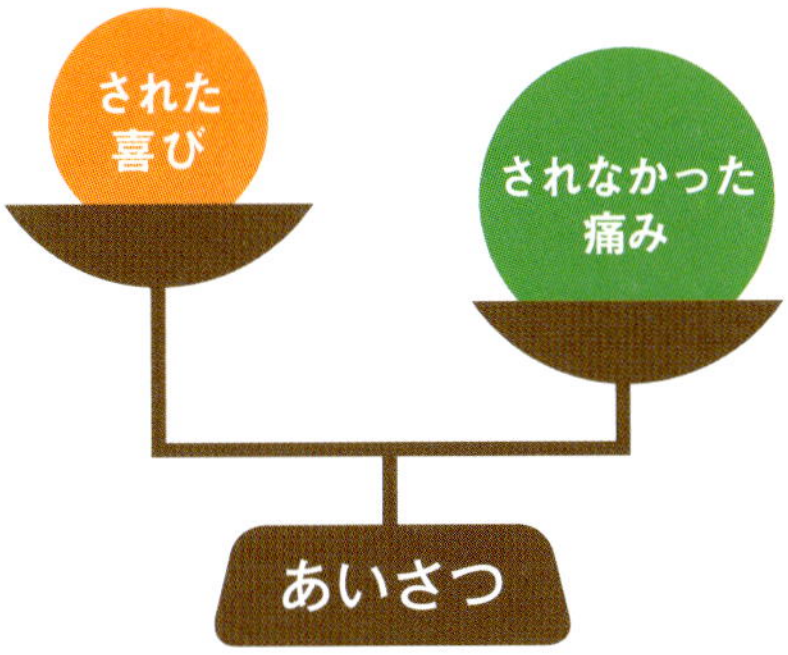
された
喜び
されなかった
痛み
あいさつ

あいさつも「される喜び」より「されなかった痛み」
のほうが大きく感じる

↓

STEP S

**接客も同様で「される立場で」行うと心が通じる**

↓

## 顧客も自分を理解してくれる
## 人には心を開く

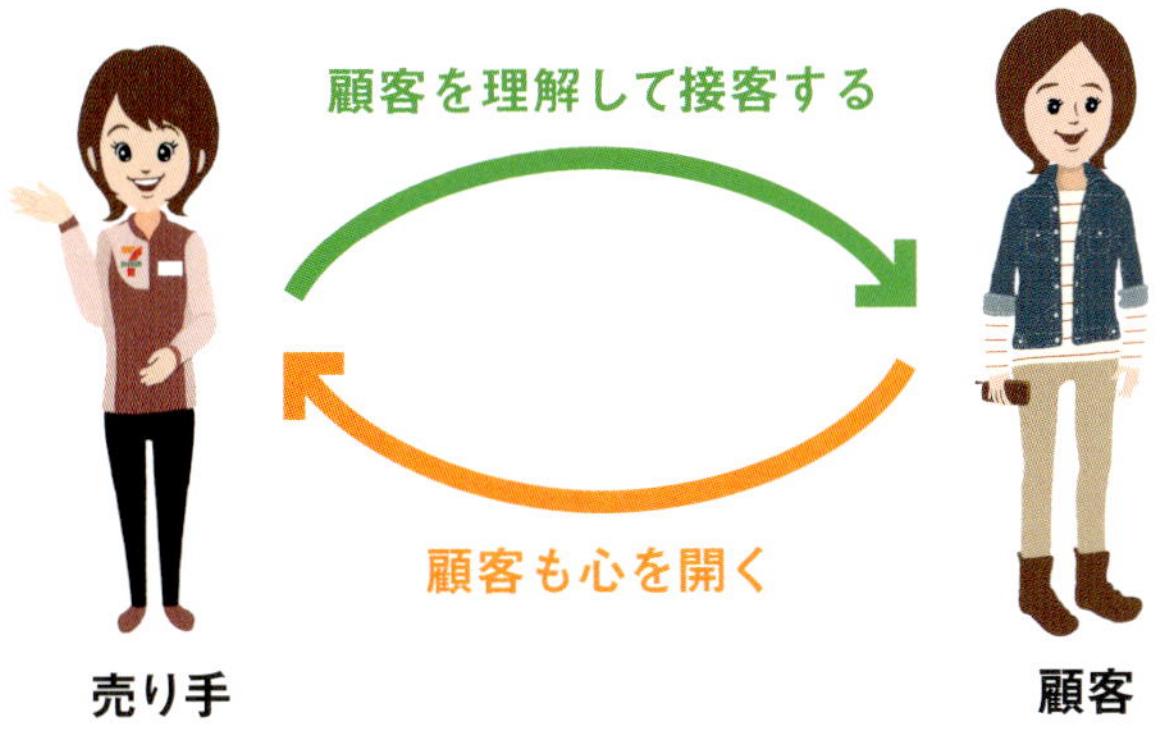
顧客を理解して接客する
顧客も心を開く
売り手
顧客

JUMP J

鈴木敏文 1Point Lesson

## あいさつも「された喜び」より、「されなかった痛み」のほうが大きい

# 16 対話力は「話術」ではない

## 対話は自分で情報を持つことから始まる

対話力や伝達力そのものを高めるにはどうすればいいのか。「対話の能力は話術ではない」と鈴木氏はいう。

「例えば、講演を聞いて、話術巧みで、笑いは取るけれども、何も残らないことがあります。反対に話はうまくないが、とても印象に残ることもあります。違いは、その人が説得力のある意見を持っているかどうかです。話術が巧みで話が弾んでも〝漫談〟で終わったら何の意味もありません。

話術は1つのスキルではあっても、必ずしも重要ではありません。対話力を高めるには、自分で情報を持ち、正しいと思う意見を納得して持つことです」

多摩市のセブン-イレブンD店の「接客の率先隊長」、S子さんはその好例だ。昼食用に新商品の弁当を購入しておいしさを確認するのも、店で売る化粧品も自分で試すのも、実体験をもとに、おすすめするための情報や意見を自分で納得して持つためだろう。

練馬区のA店のR子さんが、発注したデザートについて、自分で試食した感想をポップに書き、「思いを伝える売り場づくり」を始めたのも同様だ。鈴木氏はさらにいう。

「対話力でもう1つ大切なのは、〝一方通行〟でこちら側の都合を一方的に伝えるのではなく、その場で相手と同じ価値観を持っていることを伝え、共感を喚起できることです。芸術家もつくりたい作品をつくっても、作品を通して、見る人と価値観が共有できなかったら何の意味もありません」

目黒区のH店で常連客のファンが多いスタッフ、Y子さんの持ち味は「お客様によって話し方を変える」ことと前項で述べた。例えばこんな感じだ。

「お年寄りにはゆっくりと大きめの低い声で話してさしあげると、〝いつもありがとうね〟といっていただける。きちっとしたスーツ姿の方には、〝よろしかったら、今日はこれがおすすめなのですけれどいかがでしょうか〟と少し丁寧に対応してさしあげる。初めは全部同じで一方的だったんです」

人間は、相手と一瞬でも気持ちが通じ合うとホッとする。Y子さんの接客は、顧客から、「この人とは価値観が同じだ」と感じてもらえるための話し方の工夫だろう。同じH店でアルバイト歴7年のOさんは人見知りだったが、常連客のタバコの銘柄を覚えることで、対話のきっかけをつくった。

「顔を見た瞬間にとって、〝タバコ、おいりですか〟と声かけする。距離感が縮まり、会話がつながっていきました」

もし、対話がうまくいっていなかったら、ただの「漫談」や「一方通行」になっていないか、見直してはどうか。

## 対話力は話術ではない
～その❶

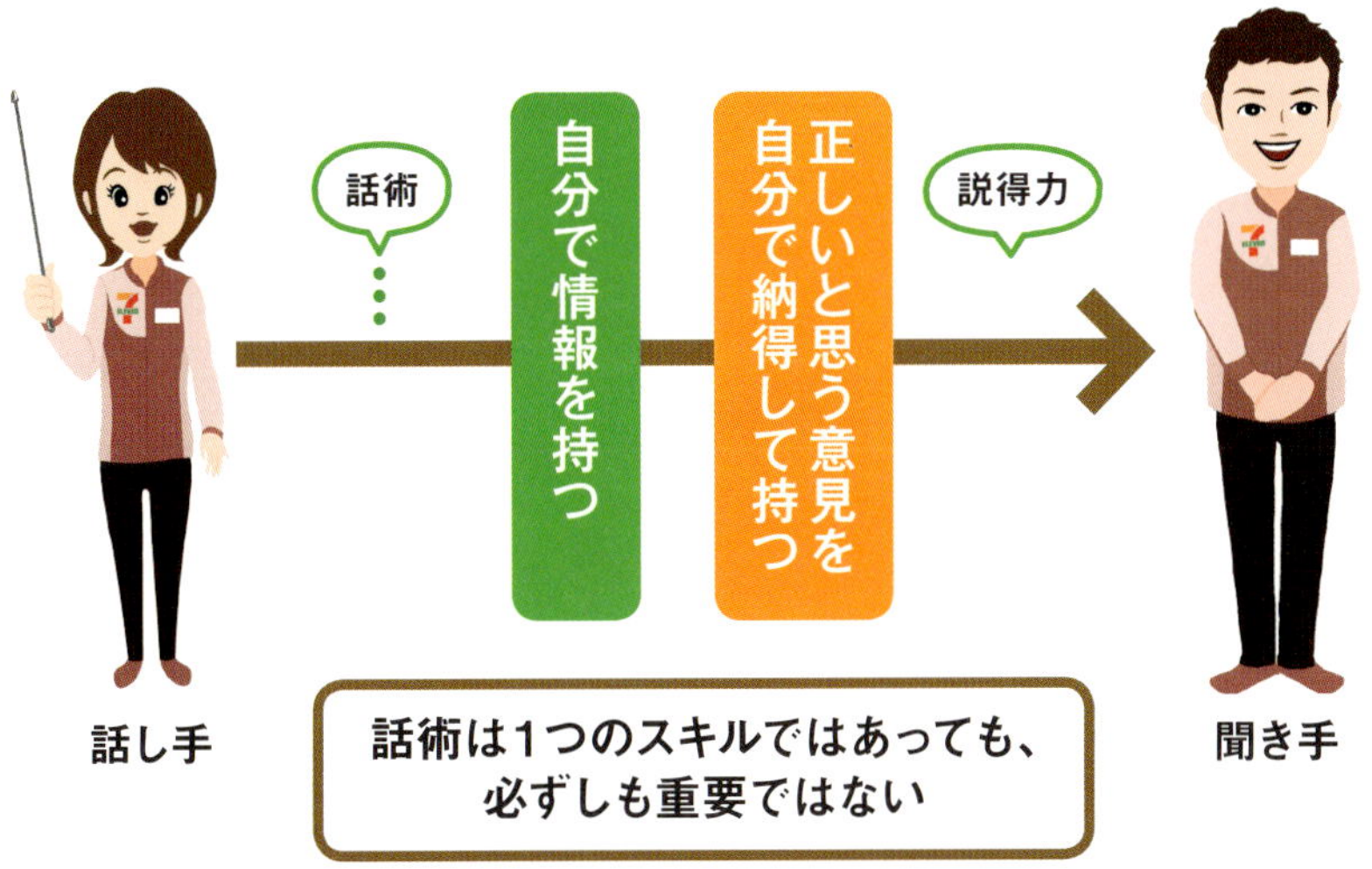
話術
自分で情報を持つ
正しいと思う意見を
自分で納得して持つ
説得力
話し手
聞き手
話術は1つのスキルではあっても、
必ずしも重要ではない

## 対話力は話術ではない
～その❷

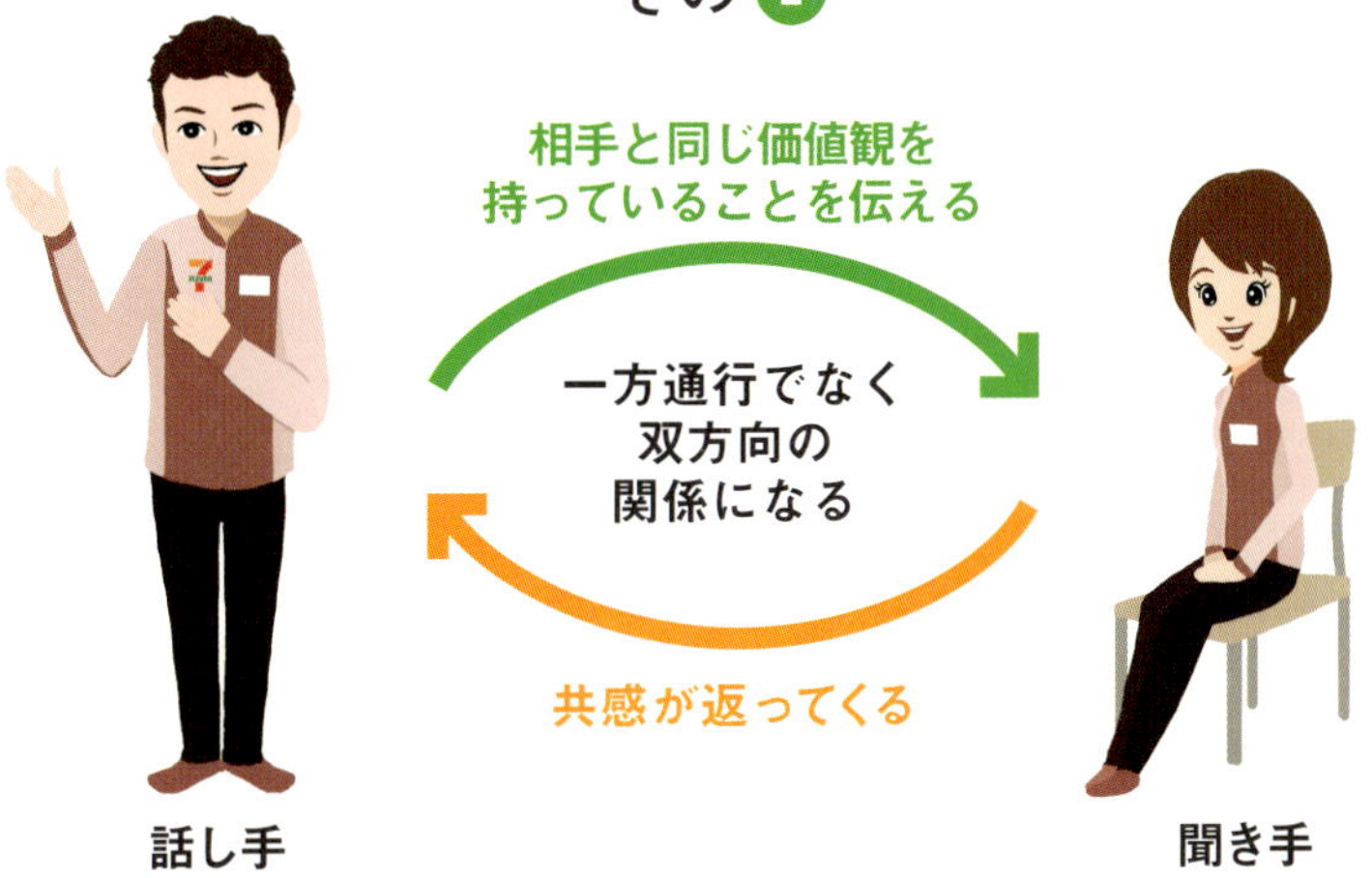
相手と同じ価値観を
持っていることを伝える
一方通行でなく
双方向の
関係になる
共感が返ってくる
話し手
聞き手

鈴木敏文 1Point Lesson

## 話は弾んでも「漫談」や「一方通行」では「対話」は成り立たない

## 17

# 顧客も「対話」を求めている

## 「あいさつ」から「声かけ」「対話」へ

セブン-イレブン流
「伝達力・対話力・接客力」を
磨く

売り手と顧客との間で、対話を通した接客が行われると、何がどう変わっていくのだろうか。鈴木氏に質問すると、返ってきたのは次のような意外な言葉だった。

「それは、ものごとがだんだん〝浄化〟されていくということです」

対話を通して、漠として見えなかったものが見えるようになる。あるいは、今あるものがよりよいものへと高まっていく、ということだろうか。

実際、セブン-イレブンの店舗でそんな経験をした人を紹介しよう。練馬区のA店で以前、パートを始め、「接客の達人」となったU子さんの例だ。

小さな子供がいたため、帰宅したご主人に世話を任せられる深夜帯の募集に応募した。オーナーはU子さんの明るい人柄を見込んで、「深夜のまったりとした雰囲気をあなたの力で変えてほしい」と頼んだ。

コンビニの仕事は初めての体験。自分に何ができるか……。

U子さんはまず、「いらっしゃいませ、こんばんは」の基本のあいさつをしっかりやることから始めた。やがて、常連客がわかってくると、「今日は遅かったですね」「今までお仕事ですか」と、ちょっとした対話で距離感を縮めていった。

もう1つ、U子さんには深夜帯の売り上げを伸ばす課題もあった。新しいキャンペーンが始まると、昼間は積極的に売り込んでいくが、深夜になると途切れてしまったからだ。

U子さんも初めは、「仕事で疲れているお客様に声かけをして、商品をおすすめするなんて悪いんじゃないか」と思っていた。それが、深夜の雰囲気が次第に明るくなるにつれ、あることに気づいた。

「あいさつから始めて、対話をするようになり、1つ1つ階段を上っていくうちに、お客様も私たちとのつながりを楽しんでいるところが感じられました。〝今こんなキャンペーンやっているんです〟〝今度の新商品いかがですか〟とおすすめすると、〝一生懸命頑張っているから1ついただこう〟って買っていただける。人はみんな、つながりを大切にしたいんだな。そう気づいてから、深夜でも販売数を伸ばせるようになりました」

こうして持ち前の明るく積極的な性格で、深夜帯の課題をみごとに解決していった。

対話は互いの心を開かせる。「浄化」とは、ものごとの大切なことが明らかになるということなのだろう。だから、顧客も対話を求める。接客の大事な原則を忘れずにいたい。

東京・練馬区のセブン-イレブンＡ店のパート、

# U子さんはどうやって深夜の時間帯の雰囲気を変えていったのか

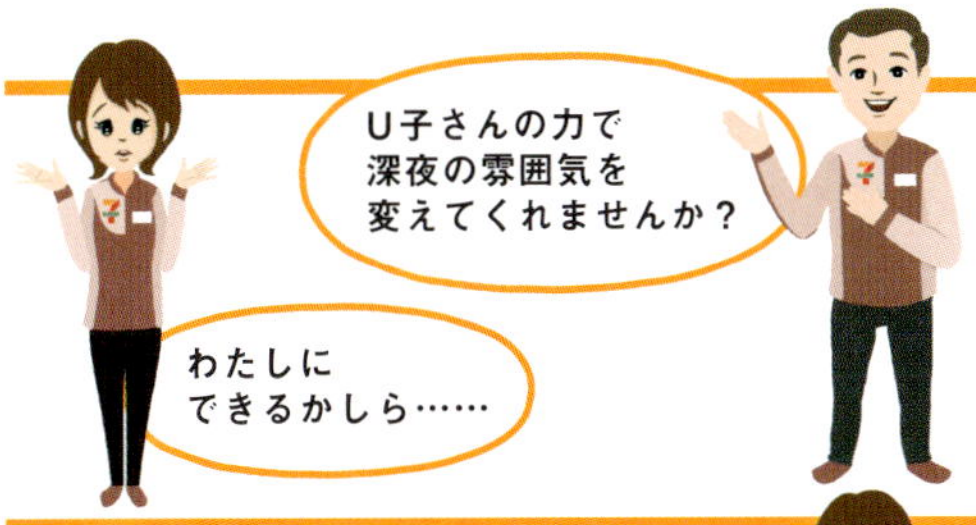
U子さんの力で
深夜の雰囲気を
変えてくれませんか？
わたしに
できるかしら……

東京・練馬区Ａ店で深夜のパートを始めたU子さんは、オーナーから、深夜の時間帯のまったりとした店内の雰囲気を変えてくれるよう頼まれた

**あいさつ**

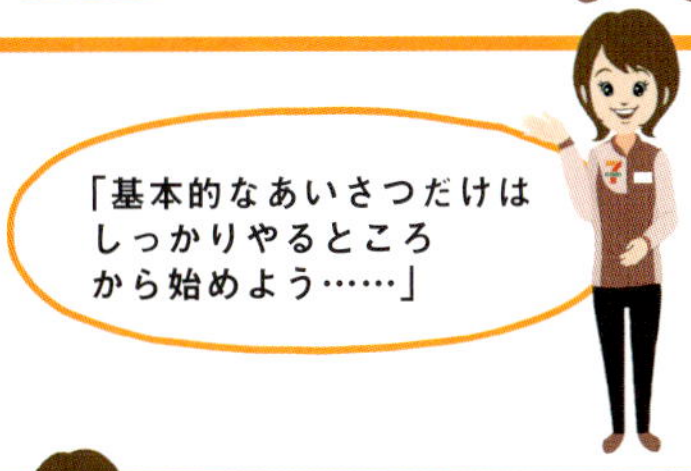
「基本的なあいさつだけは
しっかりやるところ
から始めよう……」

U子さんは常連客がわかってくると、基本的なあいさつに加え、「今日は遅かったですね」「今までお仕事ですか」といった声かけで、ちょっとした会話を交わし、お客様との心理的な距離を縮めていった

**声かけ**

深夜の
お客様に
おすすめ
なんて……

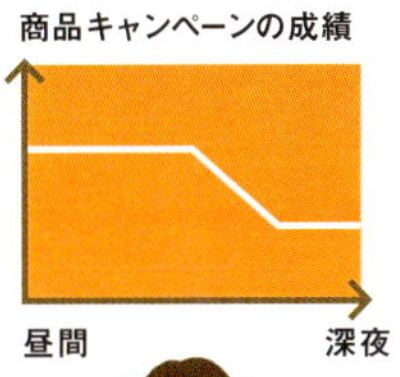
商品キャンペーンの成績
昼間
深夜

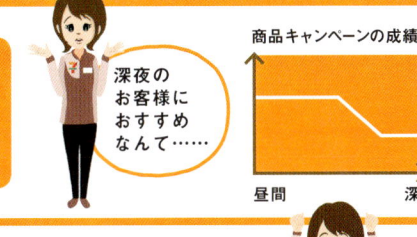

もう１つの課題は、深夜の商品キャンペーンの成績を伸ばすこと。「仕事で疲れたお客様に商品のおすすめをするなんて悪いんじゃないかな」とU子さんも最初は迷った

**対話**

深夜のお客様も
わたしたちとの
対話を楽しんで
いらっしゃるんだ！

U子さんは常連客と対話する中で気づいた。「お客様もわたしたちとのつながりを楽しんでいらっしゃるのではないか」。そこで、「今キャンペーンやっているんです」と、新商品をおすすめすると「じゃあ、買っていくよ」と。成績も伸びていった

「あいさつ」から「声かけ」「対話」へと
１段ずつ上がろう

鈴木敏文 1Point Lesson

## 「対話」は売り手と顧客の心を「浄化」する

# 18 顧客との対話は「情報源」

## 顧客と対話して新しいニーズを発掘する

セブン-イレブンの店舗では、明日の売れ筋を察知させる先行情報をもとに、発注の仮説を立てる。注目すべきは、顧客との対話からも先行情報を得ていることだ。

例えば、周囲に中小の会社がある店では、弁当を温めている間に常連客と言葉を交わし、年末なら仕事納めの日程を聞き、その直前は残業で夕食を買いに来る顧客が増えそうだと仮説を立てたりする。

顧客との対話は情報源にもなる。そこからこれまで気づかなかった新しいニーズも発見できる。練馬区のA店で、深夜の雰囲気を変えたパートのU子さんはその後、昼間の時間帯へ移動。明るい接客でファンを次々増やしていった。

ある日、雑誌売り場の前で年配客から、「『文藝春秋』はないですか」と聞かれた。あいにく売り切れ。年配客はがっくりした様子だ。聞けば、「自分は年をとっているから、本屋まで行くのが大変」という。U子さんはふと思いついた。「では来月から、必ずお取り置きしておきましょう」

年配客はとても喜んだ。ふとした対話がきっかけで、書店まで足を運ぶのが大変な年齢層のための雑誌の取り置きという新しいニーズを発見することができた。

これを機によく来店してもらえれば、新規顧客の開拓にもつながり、同じ年齢層同士の口コミで評判も伝わっていく。

「マニュアル的には〝申し訳ございません、売り切れてしまいました〟でもOKですが、それで終わってしまいます。どうすれば次につなげることができるかを常に考える。

小学生が平日の早い時間に何人も来店すれば、〝今日は学校お休みなの〟と声をかけてみる。何か行事の関係らしく、〝明日も休みなの〟という。ならば、小学生が明日も大勢来るなと読めたりする。お客様に声をかけることで、明日につながる情報も得られるのです」(U子さん)

接客の基本はコミュニケーションにあり、踏み込むほど、相手からも情報が入る。対話から情報を得るには、「頭の中にフック(釣り針)を持つことが大事」と鈴木氏はいう。

「私自身、特に意識的に情報を集めようとしなくても、無意識のうちに情報が頭の中のフックに引っかかります。

関心のフックを持つには、どうすれば、明日の顧客ニーズをつかむことができるだろうかという問題意識を持ち続けることです。問題意識も、挑戦する意欲もなければ、まわりに情報があっても何も引っかからず、情報にならないでしょう」

何の思い込みも持たず、問題意識のフックを頭の中で磨いておく。顧客との対話を「情報源」にする接客の秘訣だ。

HOP H

# お客様との対話の中から「情報」を得て新しいニーズを発掘したり、予測したりする

## 練馬区のA店 U子さんの場合

『文藝春秋』、ないですか？
来月から、お取り置きしましょう


■雑誌コーナーで「『文藝春秋』が売り切れだった

■お客様に聞くと、「書店まで歩くのが大変」という

■そこで、「取り置き」を提案。対話を通して、「年配客のための雑誌の取り置き」という新しいニーズを発掘した

STEP S

## 周辺に中小の会社があるセブン-イレブンの店の場合

今年は何日が仕事納めですか？
12月28日。それまでは毎日残業ですよ、アハハ


■年末に近所の会社に勤めるお客様が来店し、弁当を購入した

■弁当を温めている間、二言三言会話しながら、仕事納めの日程を聞いてみた

■その仕事納めの直前は、残業で夕食を買いにくるお客様が多くなると仮説を立てた

**大切なのは頭のなかに「関心のフック（釣り針）」を持っていること「役に立つ情報」や「ヒントの情報」が自然と引っかかる**

JUMP J

鈴木敏文 1Point Lesson

## 「関心のフック」がないと対話をしても何も引っかからない

19

# 全員で情報を「共有」する

## いつも店のことを意識する仕組みをつくる

セブン-イレブン流
「伝達力・対話力・接客力」を
磨く

対話力は話術ではなく、「自分で情報を持ち、正しいと思う意見を納得して持つことが大切」という。では、情報はいかにして持てばいいのか。個々に情報にアプローチすると同時に、チーム内では情報の共有が必要になる。

セブン-イレブンではあらゆる面で情報の共有が重視される。典型が全国各地から約2500人のOFCを隔週で本部に集めるFC会議だ。最新の情報がダイレクトに伝えられ、情報が共有される。その意味を鈴木氏が話す。

「情報の共有が重要なのは、みんなが同レベルで理解し、同じ考え方や価値観を共有するためです。同時に公平性の面からも大切です。提供する情報の質と量を同じにし、公平にすることで、初めて能力を競い合うことができるのです」

現場でも情報の共有に注力する店舗が多い。例えば、練馬区のA店のR子さんの例。入店2週間目に、オーナーから新規導入のセブンカフェの販売責任者の大役を任された。

練馬地区の取り組みとして、店内にカフェ風コーナーを設け、スタッフが白シャツにエプロン姿で試飲をおすすめする。販売開始は5日後に迫っていた。R子さんが真っ先に始めたのは、横のコミュニケーションをとることだった。

「入店まもない私がみんなに、〝こんなふうにやりたい〟と伝えるには土台が必要です。2日間ですべての時間帯に顔を出し、〝セブンカフェを任されました〟と、全員と顔見知りになりました。自分を知ってもらうことから入ったのです」

コミュニケーションの「土台」をつくると、自分で考えた接客や声かけの仕方を伝え、自身は店頭で率先して動いた。

A店ではスタッフ間の情報共有が活発だ。スマートフォンを活用し、独自の情報ネットワークの仕組みを設定。お店に関することならメッセージを自由に書き込み、リアルタイムで情報共有できるようにしている。

「明日から新商品が入るので試食してください」といった発注者からの連絡、シフト交替のお願い、雑談めいたものまで何でも書き込まれる。スマホは若い人たちの生活に溶け込んでいるので、お店のことを普段から自然に意識してもらえるようにする仕組みともいえる。

情報を共有し、公平にすれば、「適度な競争意識」も喚起される。キャンペーンのとき、「(アルバイトの)○○、1件獲得」といった情報が時々刻々とアップされるので、自分も頑張ろうと発奮するという。

情報共有で力を合わせ、適度な競争意識で切磋琢磨する。チーム力向上には情報共有による〝共創と競争〟が大切だ。

HOP H

## スタッフ全員で情報を共有する

練馬区のA店の場合
スマホを活用した
情報ネットワークを使う

セブン-イレブンでは、
情報システムの
メール機能や連絡用ノート、
伝言板を使ったりして、
情報共有を図っている店が多い

スマホだと、
気楽に使えるため、
仕事がオフのときにも
グループメールを
見たりして、
いつもお店のことを
心の隅で意識して
もらえるように
なるんです
(オーナー)

常に情報を共有する

STEP S

## 互いの成績も共有し「よい競争意識」を喚起する

仮に「よい競争意識」が働くと仕事力が1割高まるとすると

| | A | B | C | D | E | | |
|---|---|---|---|---|---|---|---|
| 適度な競争なし | 1 × | 1 × | 1 × | 1 × | 1 | = 1 | 全体の仕事力 |
| 適度な競争あり | 1.1 × | 1.1 × | 1.1 × | 1.1 × | 1.1 | ≒ 1.6 | 全体の仕事力 |

「適度な競争」が働くと協力しながら成績を競い合うことで大きな力が発揮される

JUMP J

鈴木敏文 1Point Lesson

# 情報の共有により同じ価値観とよい競争意識を持つ

# 20 「もう1人の自分」から自分を見る

## 仕事の筋道を整理すれば焦らずにすむ

鈴木流経営学では、「自分を客観的に見る」という視点が求められる。鈴木氏がいう。

「自分を客観視するとは、〝もう1人の自分〟を置いて、自分を見ることです。〝お客様の立場で〟考えるときも、もう1人の自分から見ると、自分自身、買い手としてのニーズが変化していることに気づくことができるのです」

ある出来事に直面したとき、頭の中の反応を「もう1人の自分」がモニターし、どう行動すればいいか、整理する。このような意識の持ち方は「メタ認知」と呼ばれる。

接客においても求められるのが、メタ認知だ。

アルバイトを始めたばかりで慣れないと、あわててミスをしがちだ。このときもメタ認知が効果的だ。

目黒区のセブン-イレブンH店のスタッフ、Y子さんは自称「緊張しい」で、最初のころ、店が込んでレジ前に行列ができるとテンパってしまい、ミスを連発した。このとき、オーナーから2つ、アドバイスされた。

1つは「身体は速く動かしても、頭の中は落ちつけ」。

あれもこれもやらなければと考えると混乱する。そこで、仕事をしながら、頭の中で自分を見つめ、やることの順序と筋道を整理して、今やらなければならないことに集中した。

何か1つができなくなっても、空いた時間にやればいいと割り切る。これを実践すると、顧客がどんなに並んでも、落ちついて身体を動かせるようになった。

もう1つのアドバイスは、顧客への話し方だった。

身体は速く動かしても、口はゆっくり動かす。口まで速くしてしまうと、逆にお客様のほうが店員に急かされているように感じてしまう。店員も焦り、お客様も落ちつかないのでは殺伐とした関係になってしまう。Y子さんが話す。

「手は速く動かす。でも、同時に頭の中で、言葉はゆっくり話してさしあげようと考える。お客様にはきちっと接客されていると感じてもらえるし、後ろに並んでいる次のお客様からのプレッシャーも感じずにすむ。お客様との間でそんな空間をつくってさしあげることが大切なんだと考えました」

メタ認知で、自分を客観的に見ることができれば、その場の状況から何が大事で、何をやるべきかがはっきりし、落ちついて自分の行動がとれるようになる。

「もう1人の自分から見るのはそう簡単ではない」（鈴木氏）というが、状況に応じて、必要であれば、安易に妥協せず、1歩前に踏み出すこともできる。メタ認知は以降もいくつかの場面で出てくるので、記憶にとどめておこう。

## 身体は速く、頭は落ちついて

レッドカード！
頭の中で仕事の筋道を
整理して実践しなさい！
頭の中がごちゃごちゃになって、もうオーバーヒートだ！
メタ認知
もう１人の自分
身体は速く動かし、
頭は落ちついてね
手は速く、口はゆっくりだと、お客様も丁寧にやってもらっていると感じるよ！
メタ認知
「もう1人の自分」から
客観的に見る

鈴木敏文 1Point Lesson

# 自分を客観的に見る視点を持てば
# 1歩前に踏み出せる

# 21 「一見不可能に見える高い目標」で殻を破る

## 数字は自分たちでつくるもの

セブン-イレブンで重点商品のキャンペーンが始まると、意欲的な店舗では、「シュークリームの販売数300個」「恵方巻の予約1000本」……といったケタ違いに高い目標を掲げる。一見不可能に見える高い目標を設定する意味合いを鈴木氏はこう話す。

「これまで以上に高い目標は、過去の経験の延長線上では達成できません。困難な目標をあえて設定するのは、今までのやり方を見直し、新しい仕事の発想を模索させるためです。

このとき過去の経験の呪縛から離れ、自分本来の感性や好奇心を存分に発揮して、自由に考えれば、さまざまな制約条件が排除されていきます。

リーダーは高い目標を設定することでメンバーの潜在能力を引き出し、殻を破らせる。メンバーは挑戦する力をつけ、成長していく。チーム力はどんどん高まっていきます」

3章では、セブン-イレブン流「挑戦力・自己成長力」の高め方を見ていく。現場ではどんな挑戦が行われているか。

PBのセブンプレミアムは、NB（ナショナルブランド）と同等以上の品質を手ごろな価格で提供する商品づくりが支持されて大ヒット。ワンランク上の品質を目指した「セブンゴールド」のシリーズも同じようにヒットを続けている。

目黒区のH店では、ゴールデンウィーク（GW）に向け、セブンゴールドを使ったこんな試みが立案された。

商圏にはオフィス街と住宅街がある。GW中は来店客が通常より減少し、客層も周辺住民が中心になる。これを逆手にとってチャンスととらえ、新しいことに挑戦できないか。主婦の方たちは、GW中は食事の仕度も休みたいだろう。ならば、ちょっと贅沢なセブンゴールドのハンバーグステーキやビーフカレーなどを重点的に売り出してみてはどうか。1つ上の上質感はGW向きではないか。

そう仮説を立て、かなり高めの売上目標を掲げると大量に発注。チルド食品用陳列棚1つを丸々使ってずらり並べた。試食にも挑戦。声かけを一丸となってやった。期間中はセブンゴールドの普段の1週間分の販売数を1日で達成するほど大成功だった。前出のアルバイト歴7年のOさんが話す。

「何よりの成果は、僕たちスタッフが新しい試みに挑戦し成功したことで、〝やれば答えは出る〟〝数字は自分たちでつくるものだ〟と体験できたことです。自信がつきました」

鈴木氏は「目標は仕事のやり方と一体で成り立つ」という。

「もし、仕事のやり方が過去の延長線上で、新たな挑戦がなければ、目標を立てる意味はないと考えるべきでしょう」

# 「一見不可能に見える高い目標」で殻を破る

10のレベルの能力
10のレベルの目標
20のレベルまで潜在能力を引き出す
20のレベルの目標
みんな、力を合わせて頑張ろう！

能力と同じレベルの
目標なら
同じやり方で達成できる
↓
成長はしない

一見不可能に見える目標
↓
達成を目指して
今までのやり方を見直し
新しい発想を模索する
↓
潜在能力を引き出し
「殻」を破り成長していく

メンバーが成長すれば
チームはどんどん活性化する

## 鈴木敏文 1Point Lesson

# 新たな挑戦がなければ目標を立てる意味はない

# 22

# 「挑戦した失敗」は次につながる

## 挑戦を積み上げて爆発点に至る

メンバーに自分の殻を破らせるような高い目標は、挑戦しても失敗することもある。ただ、「挑戦した失敗とそうでない失敗は意味が違う」と鈴木氏はいう。

「重要なのは、目標をどのようにして達成しようとしたかというプロセスです。メンバーが挑戦した結果、思うように成果が出ずに失敗したとき、忘れてならないのは、目標に達成できなかったという結果だけでは決して叱ったり、ペナルティを科したりしてはならないということです。

挑戦して失敗したら、それは1つの勉強になり、それを踏み台にして次の挑戦へとつながり、積み上がっていきます。それをサポートしていくのがリーダーの役割です」

目黒区のH店でも、こんな失敗の例がある。セブンゴールドの金の食パンの発売直後のことだ。

金の食パンは北海道産生クリームとカナダ産ハチミツを加えて味の奥行きを出し、手でこねる工程も入れ、もっちりとした食感を出した。ヒット商品番付にもランクされた。

H店では金の食パンについても、「挑戦してみよう」と1週間で300個ほど大量に販売する目標を立て、積極的に展開した。ただ、このときは発売直後で顧客の認知度がいまひとつ上がらず、売れ残りが出る可能性が出てきた。

それでも、「挑戦する姿勢は変えずにいこう」と発注を続けた。廃棄になりそうな分はオーナーの判断で、「損得勘定抜きでお客様に味を知っていただこう。必ずファンになって返ってくる」と信じ、すべてを試食に回した。

300個販売の目標は達成できなかったが、結果的には、同じ管轄の品川地区の店舗の中で、トップの販売成績を記録した。目標未達でも、これは次の挑戦につながる。

鈴木流経営学には「爆発点理論」があると前述した。ものごとの変化がある一定レベルまで達すると、急速に変化が加速する。これはあらゆる現象にあてはまる。鈴木氏が話す。

「例えば、新しい地域での出店数が一定レベルまで増えると、お客様の認知度が高まり、日販のカーブが急速に立ち上がるようになる。これも爆発点です。セブン-イレブンが高密度多店舗出店（ドミナント）戦略を創業以来続けているのは1つにはそうした顧客心理に即しているからです」

爆発点は挑戦にもあてはまる。「人生における失敗者の多くは、あきらめたときにどれだけ成功に近づいていたかに気づかなかった人たち」とはエジソンの言葉だ。失敗しても挑戦し続けると、蓄積が爆発点に達し、成功に至る。失敗してあきらめたとき、すべてが終わると肝に銘ずべきだろう。

## 「挑戦した失敗」は次につながる

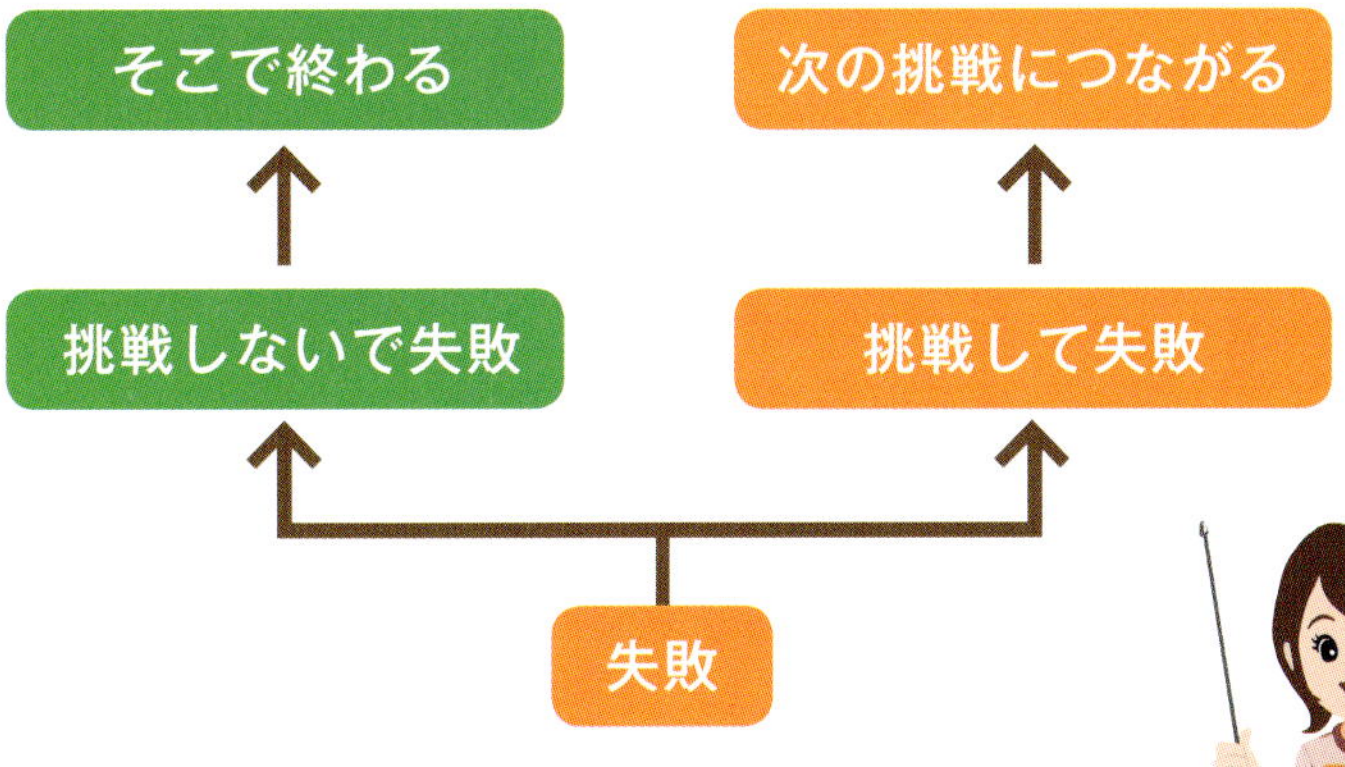

重要なのは結果以上に
目標を達成していくプロセス

## 挑戦が積み上がると「爆発点」に至る

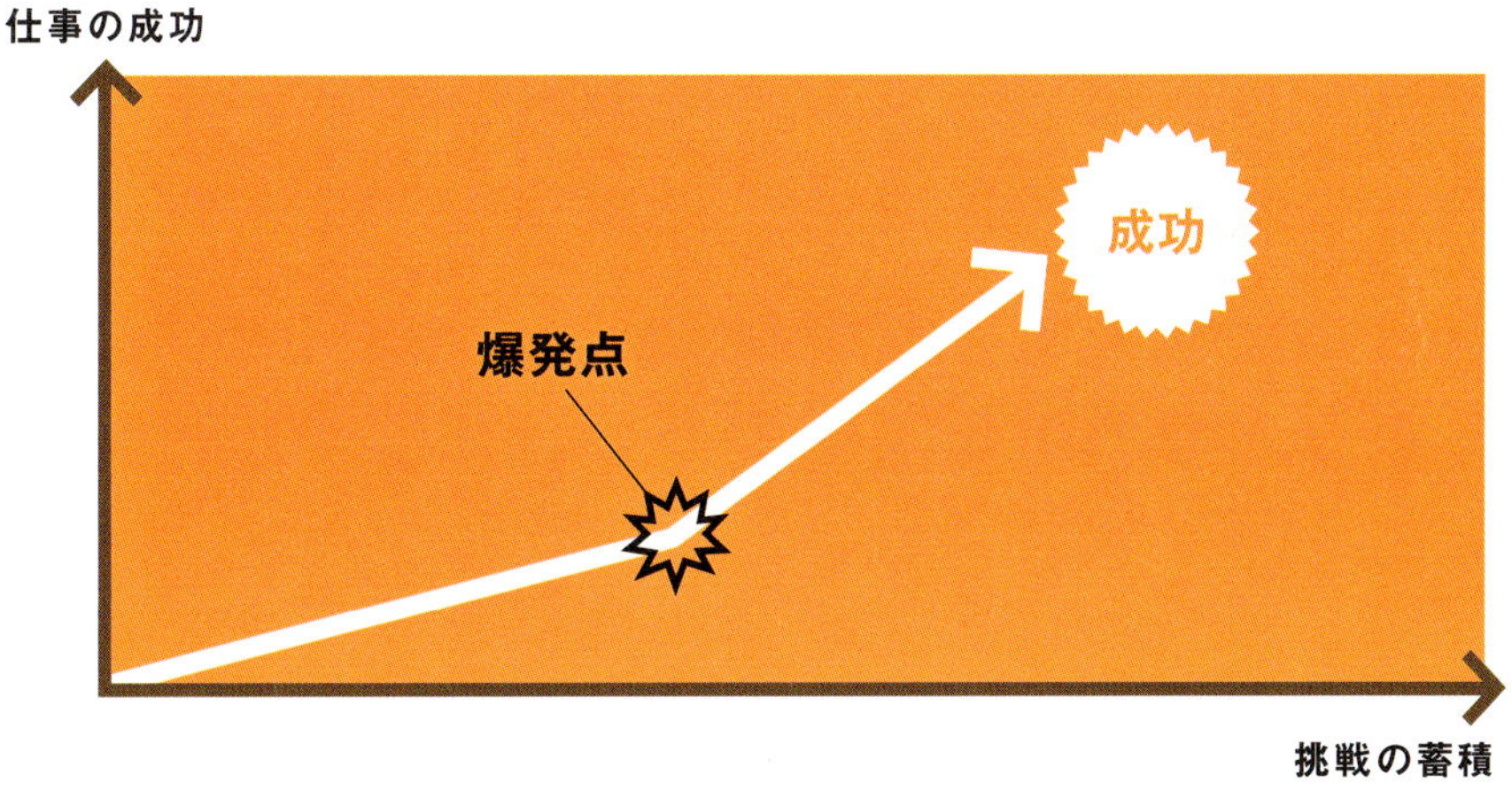

鈴木敏文 1Point Lesson

# 重要なのは結果以上に
# 目標を達成していくプロセス

23

# 失敗を新たな挑戦のチャンスにする

## マイナスをしのぐプラスを打ち出す

セブン-イレブンの日本での創業は１９７３年。大きな挑戦だったが、初めから成功したわけではない。

当時、スーパーマーケットが新規出店するたび、地元商店街で反対運動が起きた。そんなとき、イトーヨーカ堂の若手役員だった鈴木氏はアメリカ出張の際、セブン-イレブンに出合い、全米４０００店を展開する超優良企業と知った。

「その仕組みを日本にも導入すれば、大型店と小型店の共存共栄ができるはず」と発案。すると、社内外から反対論が巻き起こった。「商店街が衰退しているのに小型店が成り立つはずがない」。鈴木氏はそれに屈しなかった。本人が話す。

「商店街の衰退は社会の変化に対応できなかったからです。反対論は規模の大小の話ばかりで、私の考えに対して明確な反論がなかった。ならば挑戦する価値があると思いました」

ところが、難交渉の末、入手した経営マニュアルは日本に通用しないものばかり。鈴木氏は呆然とした。

新会社のため募集した社員もほとんどが小売業の経験を持たなかった。ただ、マニュアルが使えなかったからこそ、素人同然の社員たちが、既存の商慣習にとらわれず、すべてをゼロからつくりあげる難題に挑戦し、日本初のコンビニエンスストアチェーンの仕組みを生み出すことができた。

失敗を転じて、新しい取り組みを始めるチャンスにする。セブン-イレブンの店舗でも、そんな例がある。

東京の下町にあるX店は接客に力を入れていたが、ある日、「接客がよくない」とクレームの投書が届いた。チルド食品が届いたときなど、2、3人で一気に品出しするため、来店客に気づかず、後ろ向きのままだったかもしれない。

対応策をみんなで検討。あいさつをより徹底するのは普通の対応だ。「これを機にもっと踏み込んだ接客に挑戦し、この店が変わったことを目に見える形で示そう」。注目すべきは、「試食」という新たな取り組みを開始したことだった。

スタッフが自分たちで試食のメニュー決めから、試食用の発注、ポップやチラシの作成なども行い、来店客に声かけしては試食をすすめた。新商品のおにぎりが2種類同時に発売されたときなどは、「どっちのおにぎりショー」と名づけ、食べ比べ投票を企画したりもした。次第に試食は店の名物になり、楽しみにやってくる顧客も増えた。鈴木氏がいう。

「失敗をバネに次に成功につなげる。1つのマイナスを挽回するには、プラス1の改善をするだけでなく、マイナス分を補ってあまりあるプラスの価値を打ち出すべきでしょう」

いわば、失敗の「倍返し」。大切なのはポジティブ思考だ。

HOP H

## 失敗をいかに次の仕事に活かすか

| 失敗 | | 成功 | | |
|---|---|---|---|---|
| −1 | ＋ | ＋1 | ＝ | ±0 |

「－1の失敗」を「＋1の成功」で補っても
「±0」にしかならない

STEP S

## 失敗は「倍返し」で逆転させる

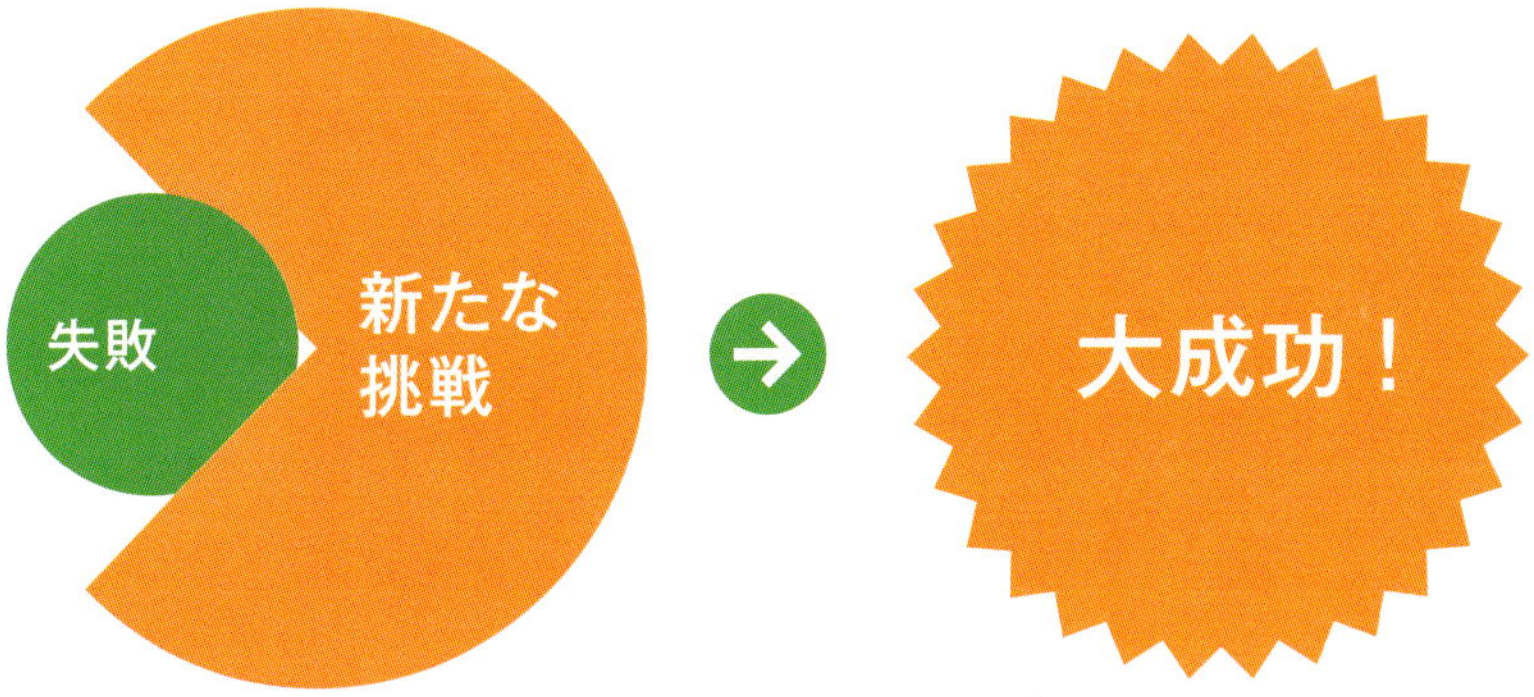


JUMP J

鈴木敏文 1Point Lesson

## 失敗は成功を引き出す
## チャンスにもなる

24

# 「自分を守ろうとする心理」に屈しない

## 人は自分のことになると保守的になる

セブン-イレブン流
「挑戦力・自己成長力」を
高める

1章で、仮説を立てて挑戦するには「自分で自分に安易に妥協しないこと」だと述べた。なぜ、それが大切なのか。鈴木氏によれば、「人間は矛盾した〝2つの顔〟を持っているから」だという。

「1つはやるべき価値があると思ったら困難であっても挑戦しようとする自分です。そして、もう1つは、本能的に困難からわが身を守ろうとする自分です。誰もが挑戦しようとする自分と守ろうとする自分を持っている。

ただ、どうしても保守的な心理に傾いてしまうときがあります。それは、自分自身の問題にかかわるときです。人に対しては革新的なことをいう人も、自分のことになると保守的になってしまう。だから、挑戦する生き方へと変えていくには、自分に妥協しないことが必要なのです」

セブン-イレブンの店舗での例を見てみよう。目黒区のH店のスタッフ、Y子さんはアルバイトを始めた大学1年のころ、込んでレジ前に行列ができると、ミスを連発したが、メタ認知的に自分を客観的にとらえながら仕事の筋道を整理していった話を前述した。

Y子さんはこのとき同時に、ある挑戦をしていた。高校時代のアルバイト先は自宅近くのセブン-イレブンで、顔見知りも多く、新商品などを「おいしいですよ」と声かけするのが得意だった。そこで、「ミスしたのは余裕がなかったから。ならば自分の得意なことで挽回しよう」と考えたのだ。

声かけをするほか、セブンミールという食事の宅配サービスについても、配達前に届け先に電話を入れ、「何かほかにご要望のものはございませんか」「今○○がおすすめですがいかがですか」とひと声かけるなど、自分で考え実践していった。配達先に「Y子さんファン」が増えていった。

「ミスしたのは自分でも悔しかった。でも、おすすめでは人に負けないと思っていたので、ミスした分、お客様にほめられることをやろうと頑張りました」（Y子さん）

自信をつけたY子さんはお店の企画にも率先して、自分のアイデアを次々提案していった。

ミスをすると、ミスをしないことだけに頭が行きがちだ。Y子さんは挑戦したから、保守的な心理から脱し、仕事で成果を出すことに目を向けることができた。鈴木氏が話す。

「人は妥協するより、本当はこうありたいと思っているときのほうが精神的に安定するものです。守ろうとする自分があることも認めつつ、新しいことに挑戦しようと意欲を持ち続ける。それが人間本来の生き方ではないかと思います」

HOP

# H 人間は矛盾した「2つの顔」を持っている

世の中に対して

過去の経験や
既存の概念に
縛られず
新しいことに
挑戦すべきだ

革新的な側面

自分に対して

新しいことに
挑戦すると
リスクがある
今までどおりの
やり方でいこう

保守的な側面

人は自分のことになると保守的になる

STEP

# S 「自分を守ろうとする保守的な心理」に屈しない

| 挑戦する意欲 |  | 保守的な心理 |
| --- | --- | --- |
| 得意技で成果を出し、ミスを挽回しよう | ＞ | ミスをしない ことだけを考えよう |

セブン-イレブンの
「〇〇」、
いかがですか
おいしいですよー

Y子さんは挑戦することで保守的な心理から脱した

JUMP

# J

鈴木敏文 1Point Lesson

## 人間は「こうありたい」と思っているほうが精神的に安定する

# 25

# 「○○のせい」にして逃げない

## ↓人は自分が納得しやすい話をつくろうとする

セブン-イレブン流
「挑戦力・自己成長力」を
高める

**自**

自分を守りたい本能は、とかく「○○のせい」にして責任転嫁しようとする。その心理を鈴木氏はこう話す。

「自分にとって不都合な問題が生じたとき、人はたいてい、〝○○のせいだ〟と考えがちです。本当の原因は自分の中にあり、仕事のやり方を変えるべきなのに、なかなか変えようとしない。自分にとって都合の悪い原因には目を向けず、自分が納得しやすい話をつくろうとするのです。

うまくいかない原因を外に転嫁し、〝○○のせい〟にしたら、それから先、何の進歩もありません」

失敗を責任転嫁せず、自分を変えた例を見てみよう。

東京・江戸川区のセブン-イレブンI店の昼の時間帯のシフトリーダー、W子さんは8年前の開業時に62歳で採用された。10代から勤めた洋服店では常に成績トップ。自分で飲食店を経営した経験もあり、商売に自信があった。が、コンビニの仕事は初めて。機械類の操作などが慣れず、失敗続き。

「失敗が悔しくて、3回ほど泣きました」

通常なら、経験豊富なだけに、「操作がわかりにくい」と、機械のせいにしがちだが、W子さんはそうはしなかった。

「絶対に、このお店になくてはならない人間になろう」

自分の目標を立てると、過去の経験を否定し、すべてを「お客様の立場で」考える努力を始めた。発注はカップ麺、缶詰などの加工食品の担当。その発注の仕方もそうだ。

「新商品が出て、私自身は〝このお店では売れないのでは〟と思っても、それは自分の経験の中での思いこみです。それを抑え、1度とってみて、お客様がどう感じるか、売れ行きを確かめる。そうやって、お客様の視点から、売れるものを揃えるよう心がけました」

W子さんの仕事ぶりで印象的なのは、常に「本気」で取り組もうとしたことだ。宅配便の受付も、慣れるために自分で自宅宛てに荷物を出したりもした。

**新**

商品を味見するのも、商品を陳列や手書きポップの工夫で売りきろうとするのも、「本気だから」。本気は顧客に伝わり、商品をおすすめすると、「W子さんにすすめられたら買わずにいられない」「あなたのいうことは信用する」と返ってくる。今ではナンバーワンの力を発揮している。

なぜ、踏み出すことができたのか。鈴木氏が話す。

「人は変えることに抵抗します。同時に、自分を変えていこうとする習性も持っている。前に踏み出せたのは、〝こうありたい〟という姿を描けたからでしょう。過去の延長ではなく、未来からとらえる人は自分を変えることができるのです」

HOP
**H**

# 人はとかく「○○のせい」にして責任転嫁する

本当の原因は自分の中にある仕事のやり方を変えるべきだ

本来とるべき対応

「こうなったのは〝○○のせい〟だ」と原因を外に転嫁し被害者意識に陥る

実際の対応

**人は自分が納得しやすい話をつくり自分を変えようとしない**

STEP
**S**

# 自分を変えるには「こうありたい」という目標を持つことが大切

挑戦する意欲

**「このお店になくてはならない人間になろう」**

「○○のせい」にしない

**過去の経験を否定し「お客様の立場で」考える努力を始めた**

「本気で取り組めば自分を変えることができる！」

W子さんは目標を立てることで自分を変えた

JUMP
**J**

鈴木敏文 1Point Lesson

# 人間は自分を変えていこうとする習性も持っている

セブン-イレブン流
「挑戦力・自己成長力」を
高める

# 26 「ブレイクスルー思考」で壁を突破する

## 人間は過去の経験に縛られやすい

江戸川区のI店のW子さんは、失敗の連続から、「絶対に、このお店になくてはならない人間になろう」と目標を立て、自分を変えることに挑戦していった。今回取材した店舗では、自分で目標を立てているスタッフに何人も会った。

例えば、練馬区のA店のR子さんの目標はW子さんと同様に、「お店にとって必要とされる人間になりたい」。これを目標にセブンカフェの販売責任者として奮闘した。

同じA店のK君は、「もっと成長して〝Kのためなら力を貸す〟といわれるようになりたい」「後輩に手本を見せて〝自分も頑張ってみよう〟と思ってもらえるようにしたい」。

A店のオーナーも、スタッフには「社会人として恥ずかしくない人間に成長してほしい」と願っている。特に高校生で3年目のK君の場合、成長が著しかった。本人が話す。

「仕事を始めて、自分はずいぶん変わりました。1年目はただお店にいるだけでした。もっと成長しなければいけない、オーナーやみんなにほめられるようになろう。そういう気持ちで自分を引っ張り、わからないことは何でも聞き、びっくりするくらい人と話せるようになりました」

自分は「こうありたい」と未来像を描き、そこから振り返って、今の自分を問い直し、やるべきことを実行し、壁を破る。これを「ブレイクスルー思考」と鈴木氏は呼ぶ。

「未来の可能性が見えると、これまでとは違う光景が見えてきます。それを実現するのがブレイクスルー思考です。過去の延長線上で考えると、〝これまで通り、これくらいでいいだろう〟と、積極性の乏しい意識になりがちです。一方、ブレイクスルー思考は〝こうありたい〟という思いがあり、主体的な意識になる。どちらが本来的な生き方でしょうか」

自分の未来像や目標にどれだけ近づき、到達できているか、到達度を知るにはどうすればいいのか。ここでもメタ認知的な意識が求められるようだ。鈴木氏がいう。

「大切なのは、過去と同じことを繰り返していないか、自分を客観的に見つめ直すことです。常にそのような視点で自分をとらえるクセをつけないと、人間はなかなか挑戦できない。そのくらい人間は過去の自分に縛られやすいのです」

K君は学校が休暇のときは、新人アルバイトばかりで組んでいる夕方のシフトにも加わり、「いろいろ教えたい」と考えている。教える立場になることで、逆に自分に足りないものに気づく。これも自分を客観視する1つの方法だろう。

夢は「今のメンバーを最強のスタッフにすること」。チーム力を支える挑戦魂に年齢は関係ないようだ。

HOP

## 自分の目標を立て「壁」を突破するブレイクスルー思考

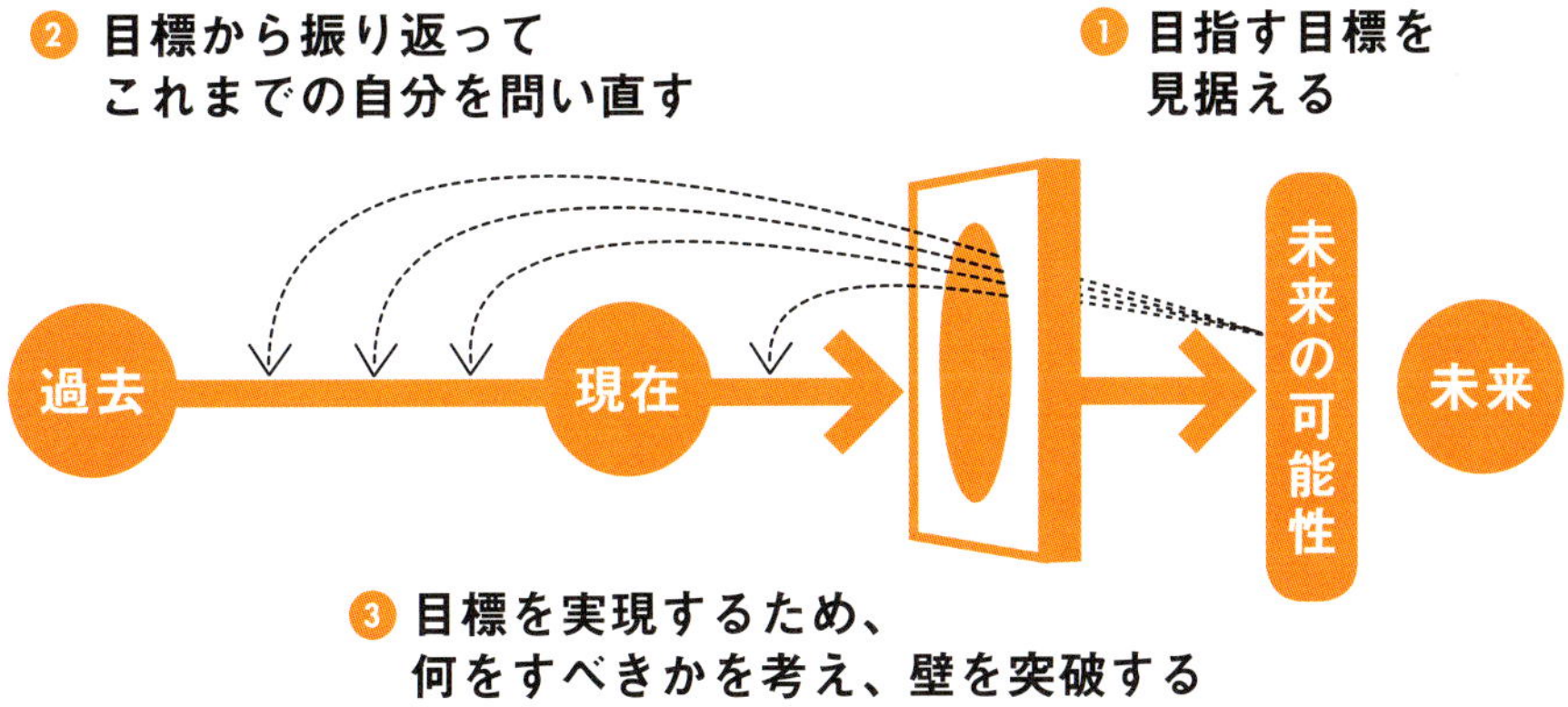
② 目標から振り返って
これまでの自分を問い直す
① 目指す目標を
見据える
過去
現在
未来の可能性
未来
③ 目標を実現するため、
何をすべきかを考え、壁を突破する

STEP

## 目標の到達度は「もう1人の自分」でモニターする

目標
メタ認知
「もう1人の自分」から
客観的に見る
もうちょっとだ
頑張ろう

JUMP

鈴木敏文 1Point Lesson

## 人間は「こうありたい」という目標から力をもらって前進する

27

# 「短時間」に集中するほうが力がつく

## 仕事が多能化すると創意工夫が生まれる

セブン-イレブン流
「挑戦力・自己成長力」を
高める

セブン-イレブンの店舗では、スタッフは店内で端末から発注をしながら、声かけもし、レジ接客も行い、同時に複数の仕事をこなす。品出しや店内清掃のときも同様だ。1つの仕事に長々と時間をかけるわけにはいかない。

ただ、「人間は必ずしも時間を多くかければ、いい仕事ができるわけではない」と鈴木氏はいう。

「よく、次から次へと仕事を任される人がいます。それは、能力的に優れて、短時間でこなせる面もあるでしょう。それ以上に、短時間に集中して取り組むため、頭の中でよく整理され、本質的なことを的確につかんでこなせる面が大きいように思います。時間をかければ、いい仕事ができるとは限らないのです」

1人が1つの仕事を行う分業に対し、複数の仕事を受け持つことを多能化（マルチタスク）という。鈴木氏自身、ヨーカ堂時代は、販促、人事、広報と1人で何役もこなした。

「その都度、集中して取り組んだほうが、1つの仕事をずっと引きずるより、仕事がしやすいところがありました」

実際、人は多能化し、限られた時間でこなすと、それぞれの仕事の勘どころがわかるので、創意工夫の〝職人技〟を発揮し始める。セブン-イレブンのアルバイトでも、多能的な働き方は創意工夫を喚起する。例えば、足立区のF店のオーナー夫人は「うちは高校生がすごい」と絶賛する。

「今日がキャンペーン最終日といわなくても、自分で判断して、〝本日最終日です〟と声かけをする。推奨商品が2つあれば、レジで〝これもご一緒にいかがですか〟。レジに行列ができるとお客様もイライラしますが、〝お待たせしました〟と絶妙ないい方で気持ちを和らげ、気配りができるんです」

高校生なりに〝アルバイトの職人技〟を発揮するわけだ。

江戸川区のI店の店長、Lさんは現場リーダーだったころ、逆のことを考えていた。自分は発注、品出し、接客と何でも得意だったので、スタッフには「不満が出ないように」と単純な仕事だけを振り、主な仕事は自分でやってしまった。

しかし、副店長に昇進時にオーナーから「1人でできることは限られる。〝オレに任せろ〟では人が育たない」といわれ、勘違いに気づいた。以降、全員が複数の仕事を行うやり方に転じると、スタッフ同士で気持ちがつながるようになり、接客の仕方もみんな明るくなっていった。鈴木氏が話す。

「限られた時間で仕事をこなすには、今のやり方に無駄はないか、本当に必要な仕事をしているかを考える。その結果、生産性も上がり、面白みややりがいも生まれていくのです」

HOP H

## 短時間に集中するほうが力がつく

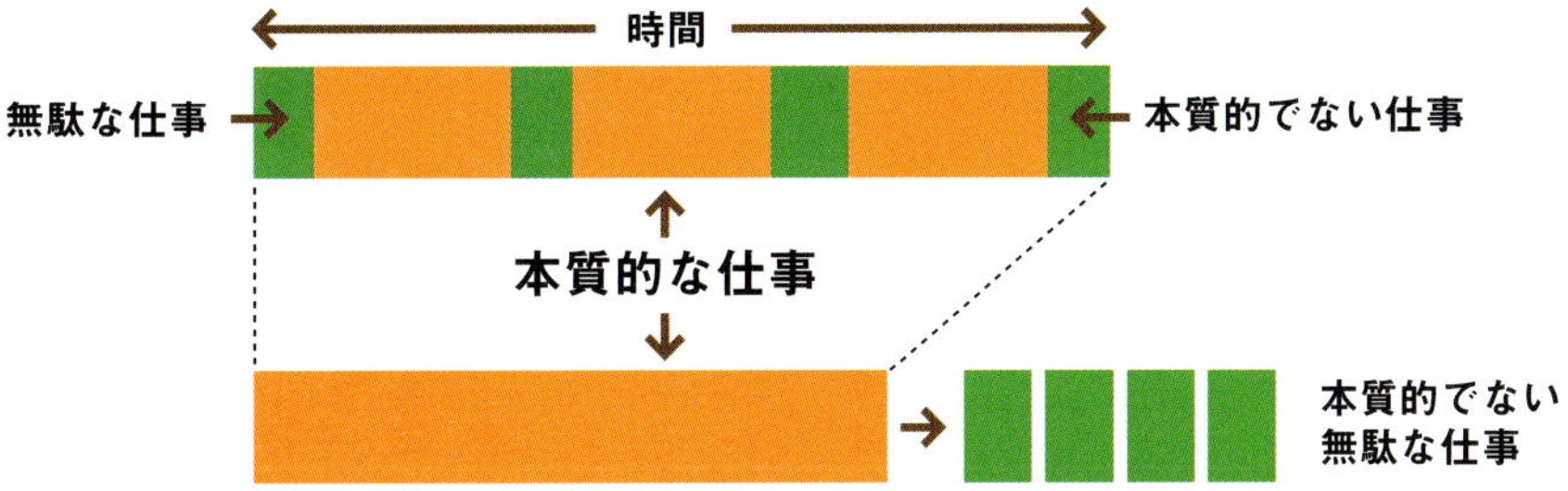
時間
無駄な仕事
本質的でない仕事
本質的な仕事
本質的でない
無駄な仕事

時間が限られると「本質的な仕事」に絞り
次々と仕事ができるので能力も高まっていく

STEP S

## 仕事が多能化すると創意工夫が生まれる

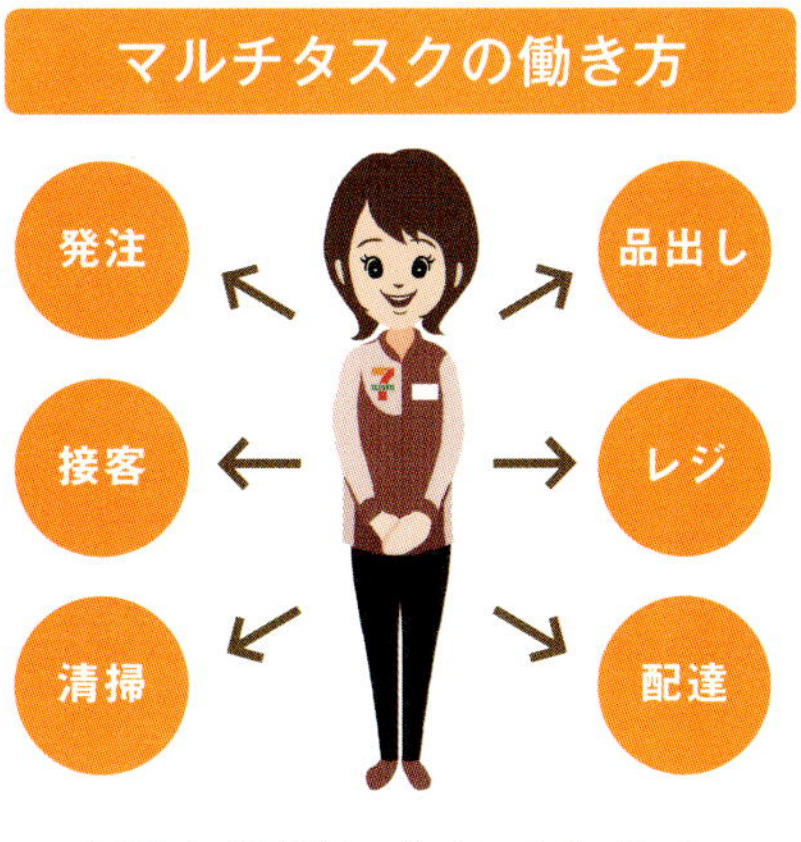
マルチタスクの働き方
発注
品出し
接客
レジ
清掃
配達

時間や状況に応じて自分の
やるべき仕事に集中する

アルバイト魂
パート魂

多能的な働き方はアルバイトでも
創意工夫の「職人技」を生む

JUMP J

鈴木敏文 1Point Lesson

## 仕事の無駄をなくせば
## 生産性が上がり、やりがいも生まれる

## 28

# 「聞く力」を高める

## 「聞く恥ずかしさ」より「知らない恥ずかしさ」

セブン-イレブン流
「挑戦力・自己成長力」を
高める

仕事がわからないと新しいことに挑戦もできない。ただ、わからないことを聞くのは、恥ずかしいので聞かずじまいになる。その心理を鈴木氏はこう説明する。

「人は、何かが得られる喜びより、失う痛みのほうを大きく感じ、避けようとする。だから、恥も避けようとする。知らないままだとこの先、不都合かもしれなくても、目先の恥を大きく感じてしまうのです」

セブン-イレブンの店舗のアルバイトたちは、どのようにして「聞く力」を身につけるのだろうか。

東京・千代田区のG店のスタッフ、Y美さんは大学卒業後、演劇界を志し、働き始めて9カ月。当初は覚えることが多く、「覚えるのが苦手」でなかなか頭に入らなかった。そこで意識して行ったのが、「わからないことは聞く」だった。

「〝そんなことも知らないの〟と思われても、知ったかぶりしてボロを出すほうがもっと恥ずかしい。高校時代の先生に〝知らなくても聞いてしまえば知っている自分がいる〟といわれたことがあって、知らない自分でいるより、知っている自分になろうと開き直って、聞きました」

紙片をポケットに入れ、聞いたらその場でメモ。読み返せるようあとで清書。書くと頭の中が整理された。店内では聞いた内容を頭に描いて復習もした。「メモも、脳内シミュレーションも、2度も聞かずにすむよう始めた」という。

Y美さんの同僚、Q君は声優志望。高校卒業後、2年前に上京。アルバイト歴1年。聞いて仕事を覚えた。

「疑問はすぐ聞かないと忘れてしまい、お客様に聞かれて失敗しました。これから先、僕も教える側になります。全部わかっていないと、教えられる側は1つ不明なだけで、全体がわからなくなってしまいます。聞いて、身体を動かして実行し、また聞いてを繰り返して覚えていく。自分の手が空いたときも、待たずに何か手伝えることはないか、聞くようにしました。聞けば、誰もが快く教えてくれました」

G店は店内にスタッフの声が飛び交う。聞くことを恥じず、心を開いて謙虚に聞くと、相手も心を開いて教えてくれる。そんな関係が明るい雰囲気を醸し出しているのだろう。

「知らないことを知ろうとするのに必要なのは探求心」

と鈴木氏はいう。また、「三流は人の話を聞かない。二流は人の話を聞く。一流は人の話を聞いて実行する。超一流は人の話を聞いて工夫する」とは、名棋士の羽生善治さんの言葉だ。「聞く力」と「探求心」の高い一流、超一流スタッフを育てる。これもセブン-イレブンの強みだろう。

HOP

# H

## 「聞く恥」より「知らない恥」のほうが大きい

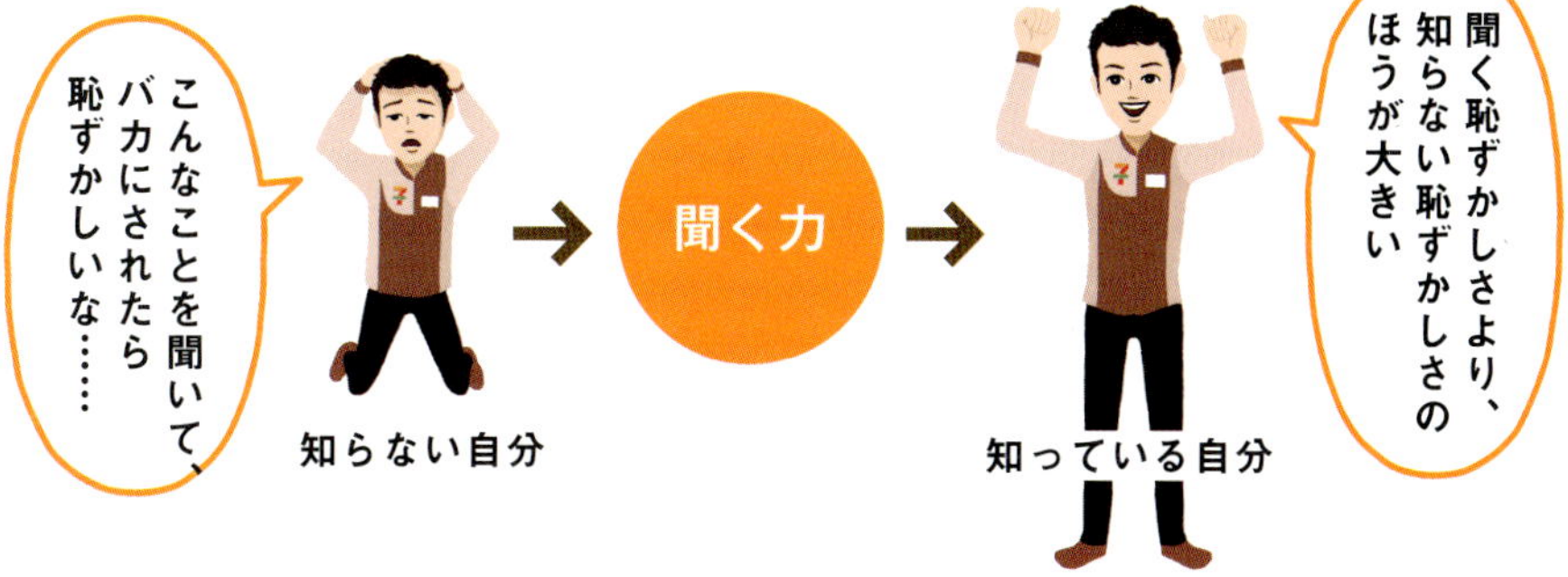
こんなことを聞いて、
バカにされたら
恥ずかしいな……
知らない自分
聞く力
知っている自分
聞く恥ずかしさより、
知らない恥ずかしさの
ほうが大きい

聞くだけで「**知らない自分**」が「**知っている自分**」に変わる

STEP

# S

## 謙虚に聞く姿勢は相手の心を開かせる

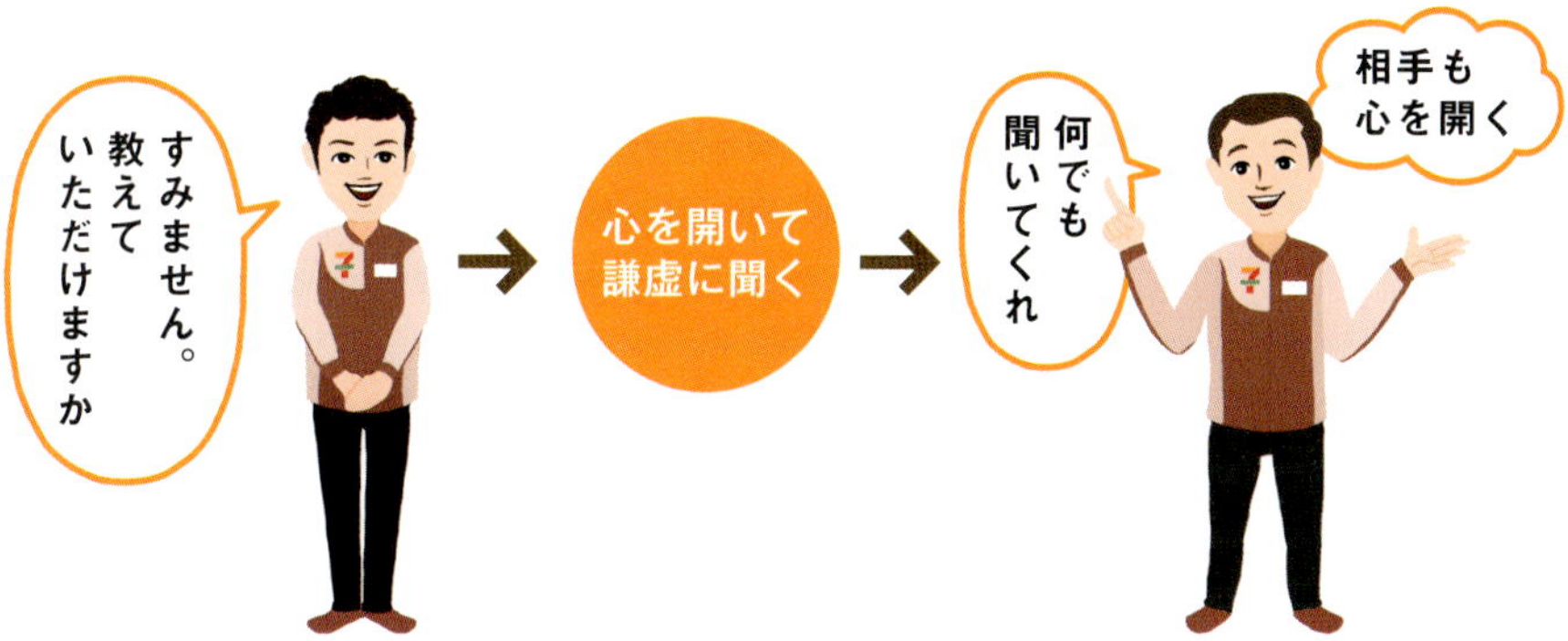
すみません。
教えて
いただけますか
心を開いて謙虚に聞く
何でも
聞いてくれ
相手も心を開く

「三流は人の話を聞かない
二流は人の話を聞く
一流は人の話を聞いて実行する
超一流は人の話を聞いて工夫する」（棋士　羽生善治さんの言葉）

JUMP

# J

鈴木敏文 1Point Lesson

## 謙虚に聞く姿勢は相手の心を開かせる

29

# 自主性で成長を引き出す

## マニュアルは一方通行にしかならない

セブン-イレブン流
「挑戦力・自己成長力」を
高める

セブン-イレブンの店舗には、機器の操作法など最低限のマニュアルしかない。マニュアルに頼らない運営の理由を鈴木氏はこう話す。

「マニュアルは一方通行のコミュニケーションで、書かれている内容をどの程度理解するかは受け手次第です。また、マニュアルによって現場での仕事が固定化し、画一化してしまうと、とても変化への対応などできません。

あくまでもスタッフ1人ひとりが〝仮説・検証〟により、自分で考え、行動し、日々の変化に対応していく。自立的で自主的な働き方がセブン-イレブンの基本です」

自主性を重視し、それが成長を引き出す。若手が育ちやすい環境づくりに注力する練馬区のA店に在籍し、人間的にも成長したP子さんの例を紹介しよう。

P子さんは漫画家志望。地方から5年ほど投稿を続け、本格的に取り組むため上京。初めは接客が苦手で戸惑ってばかりいた。それが短期間で、「このお店で働いてよかった」と思うほど仕事が楽しくなり、店を支える戦力に成長した。

「採用時にオーナーにいわれて心に残ったのは、〝この店で自分の居場所を探してください〟という言葉でした。漫画家を志してからの5年間は否定されっぱなし。少しでも売れるためには自分のこだわりも捨てなければならなかった。でも、この店は違いました。マンガでポップを描くと反応が返ってきて、初めてほめられました。マンガの腕を活かしながらこの店の一員になっていこう。与えられたのではなく自分で勝ち取った居場所だから、自信が持てるようになったのです」

P子さんのいう「居場所」とは、従業員の1人であると同時に、「自己実現できる場」ということだろう。

人間は身体と心によって成り立ち、子供のころは心身で学びながら、豊かに成長していく。ところが、あるときからさまざまな制約を受けて、「指示待ち」へと陥ってしまう。

ただ、人間にはもともと潜在能力を最大限に発揮し、「よりよく生きたい」という自己実現の欲求もある。マズローという心理学者が人間の欲求を5段階に分けた有名な説でも、自己実現欲求は最上位に位置づけられている。

セブン-イレブンの場合、スタッフは心身で仕事を学びながら、挑戦し、自己実現を求める心を触発していく。だから、人間として成長していくのだろう。鈴木氏はこう話す。

「人間は、責任を任せられると自然にやりがいを感じ、自主性を発揮する本質を持っている。大切なのは、自分は生きていると実感できる場があることです」

HOP H

# なぜ、セブン-イレブンのアルバイトたちは「自分は仕事を通して成長した」と話すのだろうか？

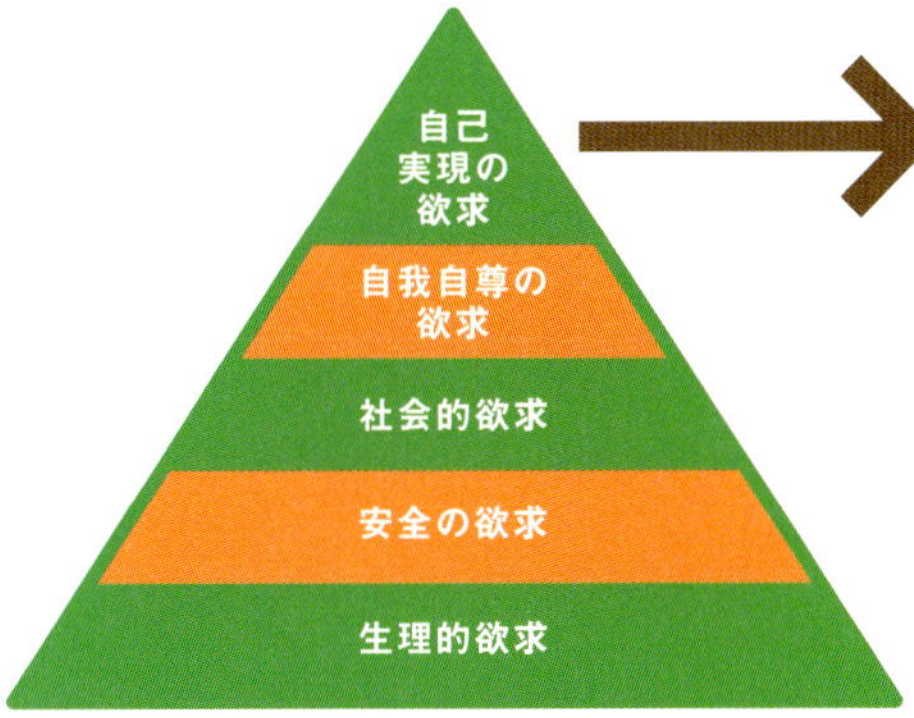

自己実現の欲求
自我自尊の欲求
社会的欲求
安全の欲求
生理的欲求

マズローの欲求5段階説

人間はもともと自分の潜在的な能力を最大限に発揮して、「よりよく生きたい」という「自己実現の欲求」を持っている

↕

ところが、現代社会ではさまざまな要因から、能力を発揮できないまま、上からの「指示待ち人間」が増えてきた

STEP S

# セブン-イレブンでは人は心身で学びながら、成長していく

わたしたちは
仕事を通して
成長しました


セブン-イレブンの場合

↓

マニュアル通りに仕事をこなすのではなく、自立的で自主的な働き方が求められる

↓

スタッフたちは心身で仕事を学びながら挑戦し、自己実現を求める心を触発していく

↓

人間として成長していく

JUMP J

鈴木敏文 1Point Lesson

# 人間は責任を任せられるとやりがいを感じ自主性を発揮する

# 30 「仕事の筋肉」を鍛える

## ↓ 「仮説・検証」は「運動」と同じ

毎日、仕事で「仮説・検証」を繰り返すのは楽ではない。仮説を立てても失敗もありうる。楽でなくても続ける意味を、鈴木氏は仕事を「運動」に例えて、こう話す。

「例えば、健康のため、運動を今日やったからといって、すぐに効果が表れるわけではありません。効果は長期にわたってえられ、感じ取れるものです。

仮説・検証〟は運動と同じで、健康な経営を維持するためには不可欠です。明日の売れ筋を読み、〝仮説・検証〟を続け、〝仕事の筋肉〟を鍛える。

運動すれば、エネルギーは消費され、疲れます。安直な仕事の仕方に流れるのは、運動をしないほうが楽だから、ジッとしていようと考えるのと同じです。仕事の筋肉もすぐつくわけではありません。大切なのはひたすら続けることです」

目黒区のセブン-イレブンH店でアルバイト歴7年、俳優志望のOさんのケースを見てみよう。九州から上京し、働き始めたころは、店長から繰り返しミスを指摘された。

「品出しが遅い、お客様がいるのにレジに入るのが遅い……等々。九州でも経験があったし、自分ではちゃんとやっているつもりなのに、なぜ怒られるのだろう。怒られるのに慣れてなくて、悔しくてイラッとすることもありました」

2年目のある日、店長からこんな言葉を投げかけられた。

「君も今は若いからそれでもいいよ。でも、これから年をとっていく。今みたいに突っ張ったままでいいんだろうか」

ハッとした。自分は独りよがりだったのかもしれない。

「気づいたのは、原因は自分の中にあるということでした。自分ではきちんとやっているつもりでも、どこかに安易さがあった。ならば認められるようにしなければダメだ。考え方が変わり、いわれたことも素直に聞けるようになりました。すると、力も次第についてきて、仕事が面白くなりました」

以降、発注にも積極的に取り組み、今では店長が休みの日、店を任せられるほど信頼をえている。鈴木氏がいう。

「人の行動は自覚から始まります。例えば、人は空腹でなくても目の前に大好物が並べられれば、特に強制されなくても食べます。その食べものがおいしく、食べればよい気分になるという自覚があるから、進んで食べるのです。

どんなに難しい仕事でも、きちっと続けると必ずよい方向に向かうと本人が自覚できれば、自主性が生まれます。

すると、前は到達できなかったレベルに到達できるようになり、今度はさらに高いレベルへ進んでいこうという意欲がわく。自覚と継続があれば、誰もが成長できるのです」

HOP H

## 毎日行う仕事は「運動」と同じ

↓

「運動」をすれば疲れるが
毎日続ければ「仕事の筋肉」が鍛えられる

↓

STEP S

## 「仕事の筋肉」を鍛えれば
## 前はできなかったことができるようになる

「きちっと続けると必ずよい方向に向かう」と
自覚できれば高いハードルも越えられる

JUMP J

鈴木敏文 1Point Lesson

# 「自覚」と「継続」があれば
# 誰もが成長できる

# 31 リーダーは「よきティーチャー」になるべし

## ミスをチェックするだけでは「ポリスマン」

人をマネジメントするとはどういうことか。「一定の目的を達成するため、十分に能力を発揮してもらい、仕事の面白さを味わわせて、やりがいを持たせること」と鈴木氏はいう。4章では本書の締めくくりとして、セブン-イレブン流「上司力・マネジメント力」の真髄を学びたい。

どんなタイプのリーダーが求められるのか。エピソードを1つ紹介しよう。アメリカのセブン-イレブンが1度倒産した際、再建役を担った鈴木氏は現地のOFCにこう説いた。

「これまで君たちがやってきたことは、ポリスマンの仕事だった。これからはティーチャーの役割が必要だ。対話をともなった慕われるティーチャーにならなければならない」

アメリカのOFCたちは加盟店を回りながら、パート従業員に対し、マニュアルをもとに「あれはできている」「これはできていない」とチェックするだけだった。各店舗が再生していくには、パートも自分たちで発注を行い、「仮説・検証」を実践していかなければならない。OFCの役割が大きなカギを握る。そこで、意識改革を求めたのだった。

OFCは現場のリーダーではないが、スタッフに対するアドバイスのあり方として、「よきティーチャー」の例えは印象的だ。例えば、こんな例がある。

千代田区のセブン-イレブンG店のオーナーは7年前、42歳で脱サラして開業。当初は「怖いオーナー」でスタッフにダメ出しばかりしていた。店内に叱る声が響くことも。サラリーマン生活との違いから、ストレスが表に出てしまった。

転機が訪れたのは2号店開業時だった。担当OFCに「うちの店に何が不足している」と聞き、「接客」と指摘されたのを機にやり方を見直した。前職はサービス業。「これからは口でいうより、動いて手本を見せよう」と方針を転換した。

「オーナーは自分たちが何をすればいいか、率先して示してくれる。だからオーナーを中心にみんなよく働きます」

とアルバイトのQ君。よきティーチャーぶりがスタッフに好感を持たれている。本人も、

「新人も先輩から教えられるとよく聞く。僕は行動で示します」

今では店内にスタッフの声が飛び交い、明るい空気が持ち味だ。鈴木氏はポリスマン的上司の問題点をこう話す。

「ポリスマン的な上司はよく見受けられます。部下のミスをチェックするのが上司の仕事だと思っている。そのため、部下たちもミスをしないことを第1に考える。挑戦する意識はまったく生まれない。組織は沈滞化していくでしょう」

HOP H

## 人をマネジメントするとはどういうことか

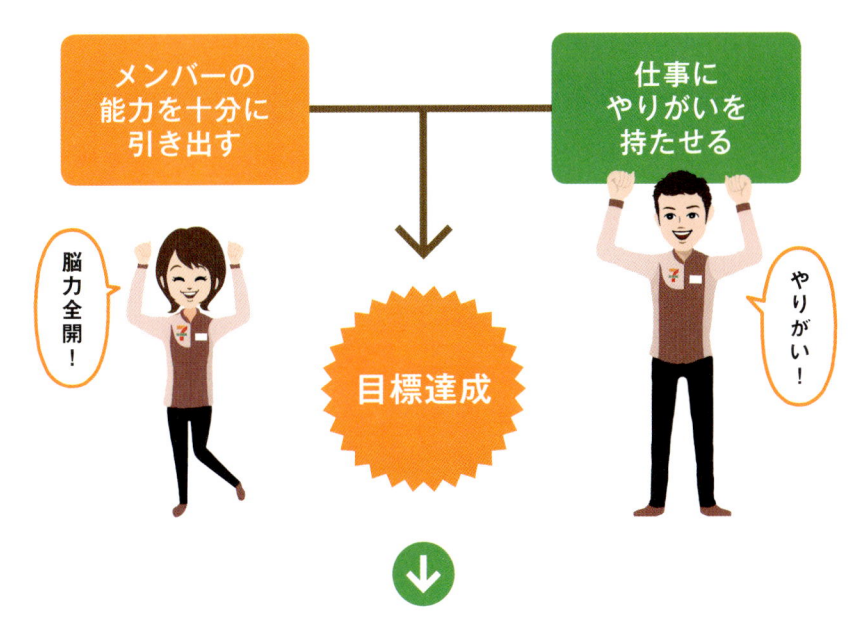

メンバーの
能力を十分に
引き出す

仕事に
やりがいを
持たせる

目標達成

STEP S

## リーダーは「よきティーチャー」になるべき

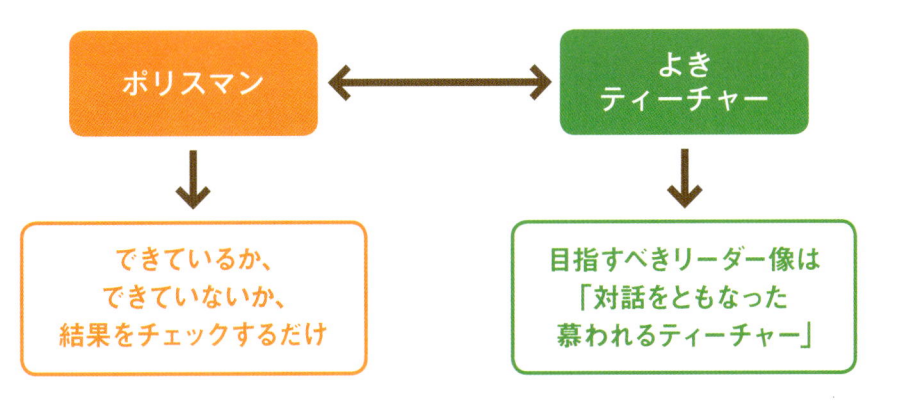

ポリスマン ↔ よきティーチャー

ポリスマン → できているか、できていないか、結果をチェックするだけ

よきティーチャー → 目指すべきリーダー像は「対話をともなった慕われるティーチャー」

JUMP J

鈴木敏文 1Point Lesson

## ポリスマン型リーダーのもとでは
## メンバーはミスしないことを第1に考える

# 32

# 「よきティーチャー」は自覚を促す

## 「ものわかりのよいリーダー」では人は育たない

よきティーチャー的なリーダーは、メンバーに対し、どのように接するのだろうか。

江戸川区のセブン-イレブンI店の店長、Lさんがアルバイトの現場リーダーだったころ、「オレに任せろ」と主な仕事は自分でやってしまったことは前述した。Lさんは、「自分が必死で仕事をする分、スタッフには楽をさせて不満が出ないようにしてあげよう」「それがみんなが働きやすい環境をつくることになる」と思い込んだからだった。

年齢も20代半ば。身体の動きの速さでも自信があった。ただ、それはどこかで「ものわかりのよいリーダー」を演じているところがあった。その問題点を鈴木氏はこう話す。

「ものわかりのよいリーダーを演じるのは、要はメンバーのご機嫌取りです。自覚を促すこともできず、全体のモラール（士気）を下げるだけです。人も育たず、チームとしても成果を出せません」

Lさんは副店長昇進時にオーナーからアドバイスされて、勘違いに気づく。全員でお店の仕事をするやり方に転換する際、「人のつながりを大事にして、同じ仲間としてやっていきたい」と自分の気持ちをスタッフに伝えた。本人が話す。

「それからは、一緒にお店をもっと活性化していこうという気持ちを伝えることを大事にしていきました。すると、若いスタッフたちもそれを受けとめて、行動で応えてくれるようになりました。高校生のアルバイトも、自分のことばかりに目がいきがちな年ごろですが、こちらの気持ちが伝わると、今度はその気持ちを接客や発注を通して、お客様にも伝えようとしてくれるようになりました」

「ものわかりのよいリーダー」から、「よきティーチャー」へと一歩一歩近づいていった。「よきティーチャー的なリーダーはメンバーに対し常に自覚を促す」と鈴木氏はいう。

「すべての行動は自覚から始まります。本人がやるべきことを自覚し、自主性が出れば、求めた以上のものが出てきます。

よきティーチャーであるリーダーは、どんな伝え方をすれば、相手が自覚し、動いてくれるのか、あらゆる面から考えて徹底させる。言葉だけではなかなか伝わらないときには、一緒に行動しながら問題解決を図り、自覚のきっかけにすることも必要です。リーダーにとって最も重要なのは、徹底させる力、徹底力です」

「ものわかりのいいリーダー」は、メンバーが動かなくても、「仕方がない」と妥協するため、向上は望めない。「なあなあ」に流れたときから組織は崩れ始めるということだ。

HOP

# H

## 「ものわかりのよいリーダー」では人は育たない

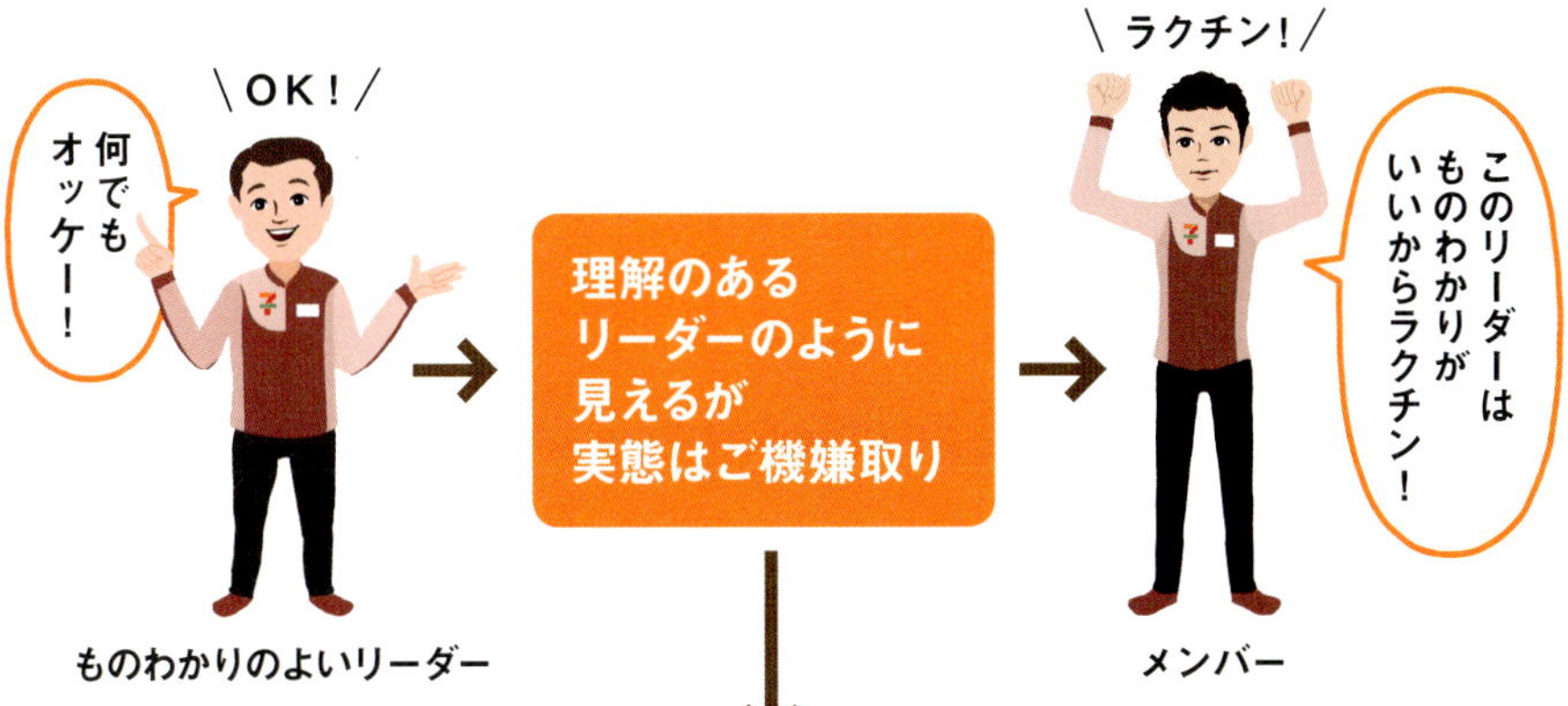

＼OK！／
何でもオッケー！
ものわかりのよいリーダー
理解のあるリーダーのように見えるが実態はご機嫌取り
＼ラクチン！／
このリーダーはものわかりがいいからラクチン！
メンバー


士気が下がり、人は育たずチーム成果を出せない

STEP

# S

## 「よきティーチャー」は常に自覚を促す

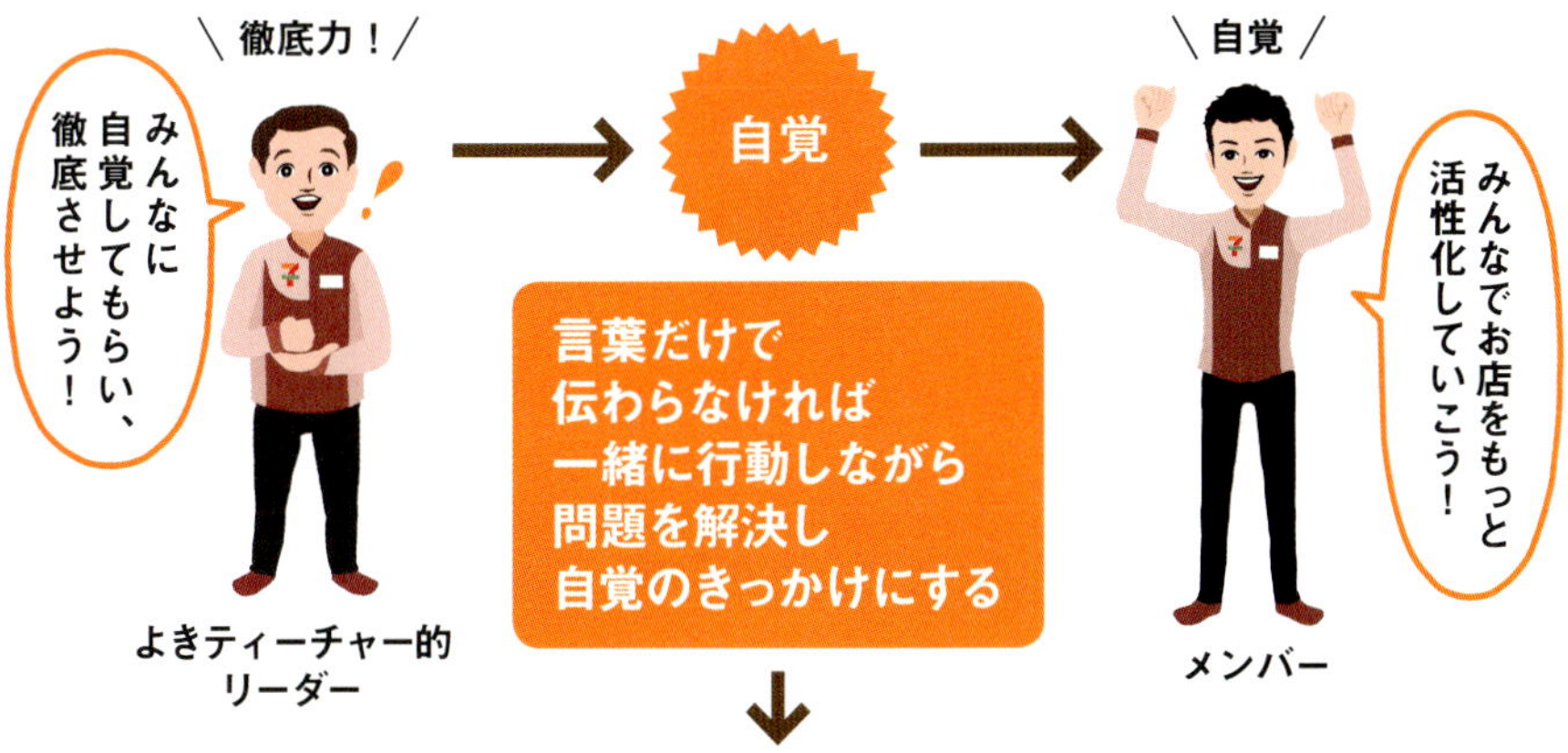

＼徹底力！／
みんなに自覚してもらい、徹底させよう！
よきティーチャー的リーダー
自覚
言葉だけで伝わらなければ一緒に行動しながら問題を解決し自覚のきっかけにする
＼自覚／
みんなでお店をもっと活性化していこう！
メンバー


自覚させ行動を引き出す徹底力が大切

JUMP

# J

鈴木敏文 1Point Lesson

## リーダーにとって最も重要なのは徹底させる力

# 33 教育とは「気づき」を与えること

## メンバーの「自己正当化」を鵜呑みにしない

鈴木氏の名言の1つに、「部下とは上司に対し自己正当化を図る存在である」というのがある。仕事がうまくいかなかったり、ミスをしたりすると、さまざまな理由を列挙し、つじつまを合わせようとするからだ。リーダーはそれを「鵜呑みにしてはならない」という。

「例えば、オリンピックの選手を育てるとき、コーチはとことん追いつめるといいます。メンバーが自己正当化を始めたら、本人の中で〝これ以上はできない〟と守りに入る意識が生まれ始めた表れです。しかし、限界意識を突破できれば、メンバーは成長していきます。

教育とは答えを与えることではなく、答えを見つけるための〝気づき〟を与えることです。リーダーはメンバーに気づきを与え、成長を促していく。上司が〝仕方がない〟と思ったらメンバーの成長は止まり、組織も停滞が始まります」

「気づき」を与えるためには、ときには叱ることも必要だ。セブン-イレブンの店舗では、どんな叱り方をしているのか。

例えば、目黒区のH店では、叱るときの基準は「顧客」にあるようだ。スタッフが店内で、ちょっとあわてて通路を走り、お客様とぶつかりそうになったり、手に持った何かがあたりそうになったときなどだ。もし、相手がお年寄りや妊婦で転んだりしたら、大変なことになりかねない。本人は悪気はなかったとしても、いつもまわりに気配りし、お客様を見ていたら防げた。叱る理由は明快だ。

顧客に店を一瞬で好きになってもらうのは難しくても、何かのミスで一瞬にして信用は失われる。水は100度から1度下がっただけで沸騰しなくなる。店舗と顧客の関係も同じで、100のうち99はどんなによくても、1つ悪いことがあると、顧客はネガティブな気持ちを抱く。そして、1度でも不満足を抱くとずっと心に残る。まさに、「100－1＝0」の世界。

だから、スタッフが顧客に対し、配慮不足の行為が見られたら、高校生アルバイトであっても容赦なく叱り、けっして自分本位で仕事をしてはならないと、気づきを促すわけだ。

また、学生アルバイトは単に時給を得るためのものではなく、「社会に出るための勉強をしている場でもある」という位置づけも、気づきの促しを後押ししているのだろう。よきティーチャー的なリーダーのあり方を鈴木氏はこう話す。

「人間は本来、〝善意の生きもの〟で〝よいことをしよう〟と考える。相手を人間として認め、真正面から向き合えば、相手の中に気づきが生まれる。それがリーダーの役割です」

HOP

## リーダーはメンバーの「自己正当化」を鵜呑みにしてはならない

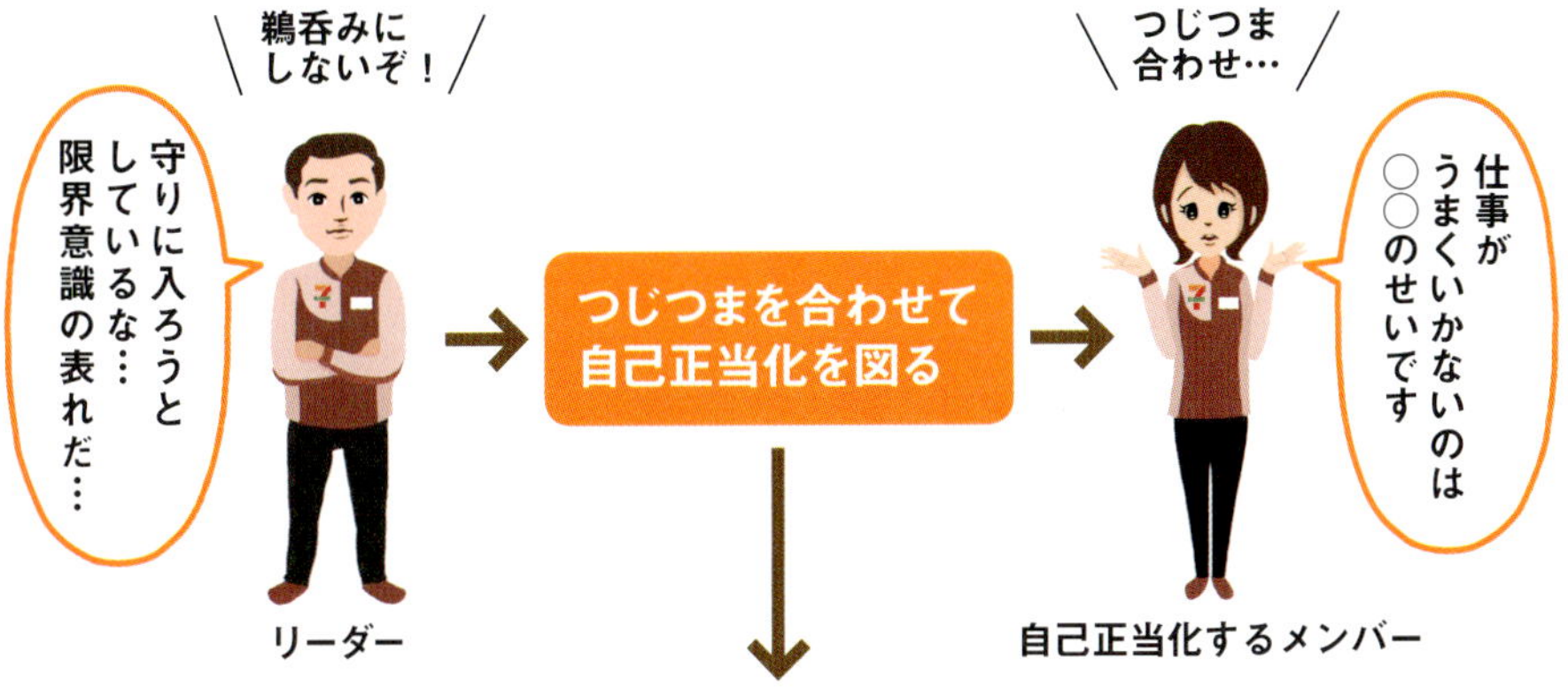

鵜呑みにしないぞ！
守りに入ろうとしているな…限界意識の表れだ…
つじつまを合わせて自己正当化を図る
つじつま合わせ…
仕事がうまくいかないのは○○のせいです
リーダー
自己正当化するメンバー

リーダーが鵜呑みにしたら、メンバーは成長できない

STEP

## 教育とは「気づき」を与えること

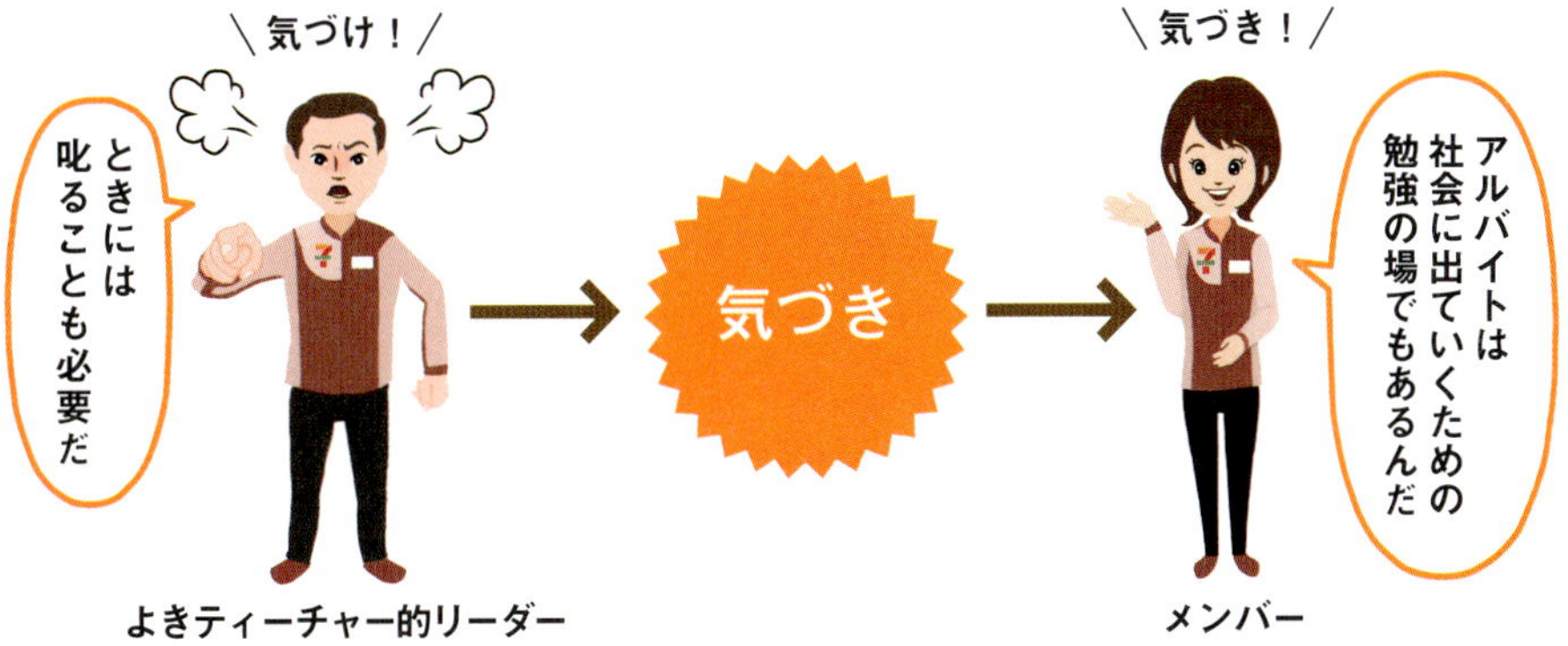

気づけ！
ときには叱ることも必要だ
気づき
気づき！
アルバイトは社会に出ていくための勉強の場でもあるんだ
よきティーチャー的リーダー
メンバー


「答え」ではなく「答え」を見つけるための「気づき」を与える

JUMP

鈴木敏文 1Point Lesson

## 人間は本来、「善意の生きもの」真正面から向き合えば「気づき」を喚起できる

# 34 「答え」を出せる人間こそがリーダーになれる

## 自分で「答え」を出せないことは強制できない

メンバーのつじつま合わせを鵜呑みにせず、突きつめて、気づきを与える。それができるリーダーと、そうでないリーダーはどこで分かれるのか。決定的な違いは「答え」を持っているかどうかによると、鈴木氏はいう。

「リーダーが自分は〝答え〟を出せず、ただ号令だけかけてもむなしいばかりで、メンバーは動きません。メンバーは自分で問題解決していく際、大なり小なり壁にぶつかるでしょう。でも、下から見て、リーダーは答えを出せると思うから、自分でも何とか工夫して解決してみようと思うのです」

実際、セブン-イレブンの店舗では、オーナーや店長が手本となっているケースが多く見られる。千代田区のG店のオーナーは自分の仕事のやり方を転換してから、自ら手本となり、実践をとおして答えを示すようになった。

大田区のC店のオーナーはスタッフの採用時に、「1アルバイトではなく、店を支える柱の1本になってもらうからね」と話すと前述した。36年前、高校1年のときにこの店でアルバイトを始め、初代の娘さんと結婚して2代目を継いだベテランだが、発注やレジなどはスタッフに任せ、自身は裏方に回る。特に力を入れているのが掃除だ。トイレ掃除も率先垂範する。その意味をこう話す。

「僕は自分にできない仕事は頼まない。掃除も僕がやれば、みんなも次は自分が、と思う。太い細いはあってもみんなが柱になることを身体で示しているのです」

スタッフはそんなオーナーの姿に、いざというときはすべてに答えを出せるリーダーとしての信頼感を抱くのだろう。

足立区のF店は16年前、酒店から転業。コンビニ歴13年の店長、Zさんが若手の指導係として手本を示す役割だ。

「高校生のアルバイトに声かけをしてもらうときも、手本を見せ、〝一緒に順番でやっていこう〟といえば、最初は嫌々でもやらざるを得なくなる。教育というより、自分たちもやるのが当たり前になる雰囲気をつくります」

実践を通して、答えを出せるリーダーや手本を示すリーダーがいると、メンバーも「やるのが当たり前」になる。

「私自身、今の職を失ったら雇ってくれる会社はあるかと考えると、特に技術を持っているわけでもなく、雇ってみようという会社はないでしょう。それでも今の職に就いていられるのは、社員に対し、もし、できないんだったら自分で解決するよと出ていく用意を常に持っているからです」（鈴木氏）

自分で答えを出せるから、メンバーにも仕事で厳しさを求めることができる。それが部下を育てることになる。

HOP H

## 「答え」を出せる人間こそがリーダーになれる

答え
答え
自分で「答え」が出せないようなことはメンバーには強制しない
「答え」を出せるリーダー
頑張り
頑張り
自分でも何とか工夫して問題を解決しよう
メンバー

メンバーはリーダーが「答え」を出せると思うから、
自分でも工夫して問題を解決しようと頑張る

STEP S

## 手本を示すリーダーがいると「やるのが当たり前」になる場ができる

いらっしゃいませ！おでん、いかがですかおいしいですよ
手本が「声かけ」「おすすめ」を率先垂範
手本となる店長やオーナー
手本の行動そのものが店舗での「働き方」を教え「やるのが当たり前」の場を生み出す
いらっしゃいませ！新商品の○○、いかがですか
わたしも見習ってやってみよう！
手本が示す「働き方」にならう
新人スタッフ

JUMP J

鈴木敏文 1Point Lesson

## リーダーはいざとなったらメンバーにかわって「答え」を出せなければならない

# 35 手本を示し「暗黙知」を共有する

## 言葉で表現できない「思い」を伝える

なぜ、答えを出せるリーダーや手本を示すリーダーがいると、メンバーも「やるのが当たり前」になるのか。

話は飛ぶが、セブン-イレブンの本部では、隔週で全国各地の約2500人のOFCを本部に集め、FC会議が開かれる。最新の情報を共有するだけでなく、毎回、鈴木氏が直接、仕事の基本を繰り返し語る「会長講話」が恒例だ。

ITが発達している時代に、なぜ、膨大なコストをかけてでも、「ダイレクト・コミュニケーション」にこだわるのか。鈴木氏は「学生はなぜ、学校に通うのか」に例える。

単に情報の授受だけならネットや通信でもできる。しかし、先生と対話したり、仲間と疑問を一緒に解き合ったりしながら、多くのものを学び、自分の力を高めていく。

世の中には、言葉で表現できる「形式知」に対し、言葉ではなかなか表現できない「暗黙知」がある。胸の中に持つ思い、価値観、理想、身体に染みついた感覚、経験で身につけたノウハウなどは典型的な暗黙知だ。学校も単に形式知だけでなく、学園生活を通し、豊かな暗黙知を身につけていく。だから、ダイレクト・コミュニケーションが大切になる。

FC会議も、形式知の情報だけでなく、経営者の全身から発する思いや気迫、コンビニのあるべき姿、それに向かって互いに頑張り合う姿勢……などの暗黙知を共有する。結果、それを実践することが当たり前になる。店舗でも同様だ。

大田区のC店では昼のシフトリーダー、35歳のY雄さんが若手の指導担当だ。専門学校時代からこの店でアルバイトを始め、1度就職したが退職して戻り、経験はのべ15年。「オーナーの人柄に引かれ、役に立ちたい」と続けてきた。「らくらくお届け便」の宅配サービスも担当。届け先には1人暮らしの高齢者が多く、Y雄さんは話し相手にもなる。「喜ばれるのがうれしく、仕事はとても充実している」という。

Y雄さんはお店では高校生のアルバイトに慕われている。それは高校生がその仕事ぶりを見たり、手本にして自分もまねて実行しながら、常に誠意を持ってお客様に接することの大切さを学んでいるからだ。Y雄さんから高校生へ、思いが伝わり、暗黙知が共有され、「やるのが当たり前」になる。

さらに、この暗黙知はスタッフの接客を通して、顧客にも伝わり、「買うのが当たり前」になる。鈴木氏もいう。

「私も昔から、五感を使って全身で獲得した暗黙知を基準にして商売を展開してきたように思います」

トップから、店舗のリーダー、スタッフへ、そして、顧客へと暗黙知が伝わる。それがセブン-イレブンの強さを生む。

HOP **H**

## 世の中には「暗黙知」と「形式知」がある

思い、価値観、理想、身体に染みついた感覚、経験で得たノウハウなど

**暗黙知**

言葉やデータなどで表現できない知

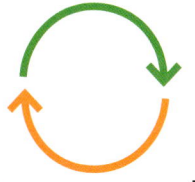

**形式知**

言葉やデータなどで表現できる知

マニュアル、テキスト、コンセプト、書籍など

セブン-イレブンのOFCが本部のFC会議に集まるのも、学生が学校へ通うのも、形式知だけでなく、暗黙知を共有するため

STEP **S**

## リーダーは手本を示し メンバーと「暗黙知」を共有する

いらっしゃいませ! おでん、いかがですか おいしいですよ
いらっしゃいませ! 新商品の○○、いかがですか
自分でもやってみると、店長のお客様への「思い」がわかる
手本をまねて実行すると相手の「思い」がわかる
手本となる店長やオーナー
新人スタッフ

JUMP **J**

鈴木敏文 1Point Lesson

## セブン-イレブンはトップから、店舗スタッフ、顧客へと暗黙知が伝わる

# 36 若手アルバイトは「ほめて伸ばす」

## 「認められること」は精神的報酬になる

リーダーは、メンバーが自己正当化を始めたら、追いつめることも必要だ。では、新しいことに挑戦し、奮闘しているときには、どう対応すればいいのか。

鈴木氏が発した言葉を2つ紹介しよう。セブン-イレブンの創業時、年中無休のため、製パン会社に正月も製造を求め、猛反発された。担当者が先方の社長に何回も会って説得を重ねたが打開しない。肩を落とす担当者に鈴木氏はいった。

「僕らはもともと素人集団だ。原点だけは見失わずにいよう」

担当者は再び通い始め、正月も新鮮なパンを提供したいという思いを伝え続け、ついに了解を得ることができた。

2つ目は、セブン銀行の設立時の話だ。「素人が銀行を始めても必ず失敗する」と否定論が渦巻くなかでの挑戦。設立準備は難航した。ある日、担当者が困難な交渉に疲れ果てている様子を見て、鈴木氏はこう声をかけた。

「失敗してもいいじゃないか。失敗も勉強のうちだよ」

この日を境に担当者は吹っ切れたように頑張りを見せ、プロジェクトは次第に軌道に乗るようになった。

共通するのは、相手の頑張りを十分に認めたうえでの言葉であることだ。部下は「認められること」で意欲を引き出す。

同じことは、現場の店舗でもいえるようだ。足立区のF店では、「うちは高校生がすごい」とオーナー夫人が絶賛するが、若手を「ほめて育てる」のがオーナーの役割だ。

「例えば、高校生に〝時間があったら、ほかのコンビニの夕方の時間帯を見てごらん〟と行かせて、うちとの違いがわかったら、〝すごい〟とほめてあげる。声かけがよくできたら、〝頑張ったね〟と言葉をかける。私はほめ係です」

「全員が店を支える柱」の大田区のC店も同様だ。例えば、17歳のL子さんは高校中退のフリーター。「仕事を任せられるほどしっかりしている」とオーナー夫人は賞賛する。

「彼女が来てから店の陳列の光景が変わりました。フェイスアップも徹底して行う。棚の奥のほうのちょっとしたホコリも見逃さない。とても整然とした印象になりました」

L子さんは、きれい好きで、バラバラな陳列面も「気になって放っておけない」。性格が仕事に活かされているわけだ。

「アルバイトの子たちも自分の子供と同じで、怒るところは怒りますが、基本的にはほめて伸ばします」

時給は金銭的報酬だが、仕事でほめられ、認められるのは、精神的報酬となる。まわりから認められると、自分の価値を自分で認められるようになり、意欲が高まる。若手はほめて伸ばす。このシンプルな原則を忘れてはならない。

HOP H

## 人間にとって「認められること」は精神的な報酬になる

| | | | | |
|---|---|---|---|---|
| アルバイト代<br>パート代 | → | 仕事に対する<br>対価 | → | 金銭的な報酬 |
| ほめられる | → | 認められる＝<br>社会的承認 | → | 精神的な報酬 |

↓

特に日本人はお金により動機づけられる「経済人」である以上に
人から認められたいという承認欲求で動く「承認人」であるとされる

（『お金より名誉のモチベーション論』太田肇著より）

↓

STEP S

## 「ほめる」ときは顧客の評価を本人に伝えると有効

○○さんは、とても明るいって、お客さんの評判、すごくいいよ

特にお客様など
外からの評価を上司が
フィードバックすると
本人はモチベーションが
上がる

えっ、本当ですか うれしい！また頑張ります！
わたしだって やればできるんだ！

↓

ほめられて「認められる」という
社会的承認が積み上がると
自分で自分に価値を見いだす「自己承認」へと進み
仕事の達成感がどんどん高まっていく

JUMP J

鈴木敏文 1Point Lesson

## 人は誰もが「認められること」を求めている

# 37 メンバーの「一体感」をいかに生み出すか

## 人は相手に一体感を抱くと目標が重なる

セブン-イレブンの1店舗あたり平均日販は66万4000円と他の大手チェーンを12万円以上引き離す。店舗の強さをバックアップするのが、OFCの役割だ。「強いOFCが担当する店は強い」と鈴木氏はいう。

「OFCの最大の役割はオーナーとの対話を通して、常に新しいことに目を向けてもらう。セブン-イレブンは強いOFCを多く確保している。これが知られざる強さの秘密です」

本部と加盟店は役割分担して共同事業を行う関係にあり、OFCはアドバイスができるだけで、強制する権限はない。どのようにして影響力を持つのだろうか。鈴木氏が話す。

「人は相手にいろいろな力で影響力を及ぼしますが、最も強く広範囲に及ぶのは、一体感からわき上がる力であるといわれます。人は相手に一体感を抱くと、互いの目標が重なり合い、一緒に達成するため、自分も踏み込んで仕事をやろうと強い意欲がわきます。OFCに求められるのもこれです」

現場の店舗のリーダーに求められるのも、同じだ。江戸川区のI店の店長、Lさんは「オレに任せろ」から、力を合わせるやり方へ転換。今ではオーナーも、「無理だろうと思う目標でも、フタを開けてみると、力をフルに発揮して超えている。この人たちはすごい」と絶賛する。Lさんはなぜ、一体感を生み出せるようになったのか。

1つは、利他的な心だろう。「開業当初、人手不足で困ったとき、助けてくれたのが彼でした」(オーナー)。Lさんによれば、「オーナーの困っている姿を見て、自分から、もっとお手伝いをしたいと名乗り出ました」。

2つ目は謙虚さだ。オーナーから「社員にならないか」と打診されたときも、自分なりに力がついたら受けようと、お店の全時間帯に顔を出し、問題点をスタッフと話し合いながら、解決できる力がついてから受諾した。開業時の応援も、「自分では力にならせてもらったと思っている」と話す。

3つ目は責任感と行動力。オーナーも「彼は絶対放り出したりしない」。4つ目は感謝の心。「お客様、スタッフ、本部の人たちやオーナーに対して、常に感謝の意を忘れない」が口癖だ。5つ目が理想の追求。スタッフ同士、さらに顧客ともつながり、「地域一番店」を目指す。これらが合わさって一体感を生み出すのだろう。鈴木氏が話す。

「セブン-イレブンにおける人間の競争力は、1つには新しいことに挑戦する意欲と能力。もう1つは人と人との間のコミュニケーション能力で、そこには人間性も含まれる。人間的な部分も含むトータルな能力が一体感を生み出すのです」

HOP H

# 人が相手に影響力を発揮するとき ベースになる5つのパワー

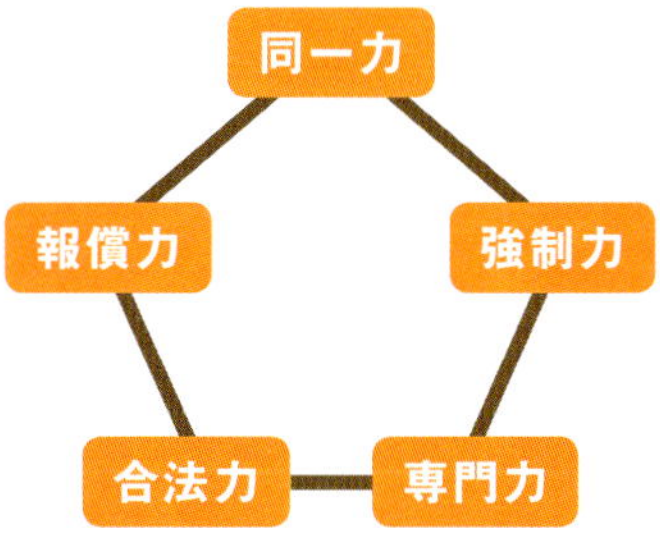


合法力：組織から公的に与えられた権限からくるパワー
報償力：報酬を与える能力からくるパワー
強制力：処罰できる能力からくるパワー
専門力：専門的知識からくるパワー
同一力：一体感からくるパワー

↓

最も強く広い範囲に力が及ぶのは＝ **同一力：一体感からくるパワー**

STEP S

# 江戸川区Ｉ店のＬ店長はなぜ、同一力をパワーベースにできたのか

**理想の追求**
地域一番店を目指す

**行動力**
口先だけでなく
行動がともなう

**利他的な心**
人が困っているのを
見ると助けようとする

**感謝の心**
まわりに対して
感謝の心を持つ

**謙虚さ**
「やってやる」ではなく
「やらせてもらっている」
という気持ちを大事に

↓

**「人間的な魅力」がみんなを引きつけ、「一体感」を生み出した**

JUMP J

鈴木敏文 1Point Lesson

# 一体感を生み出す能力には 人間性の部分も大きい

# 38 「1人」は「みんな」のために

## 「オレが、オレが」から「わたしも、みんなも」へ

「ワン・フォー・オール、オール・フォー・ワン」という言葉がある。1人はみんなのために、みんなは1人のために。名作『三銃士』の中で、銃士たちが友情を結ぶシーンで登場した標語に由来する。

「わたし」と「わたしたち」のバランスがとれた状態で、江戸川区のI店の特徴もこの言葉で表せる。

店長のLさんは副店長に昇進したとき、「オレに任せろ」という独走型の「オレが、オレが」的なリーダーから、巻込み型の「わたしも、みんなも」的なリーダーへと変わった。

「オレが、オレが」的なリーダーがいる職場では、一定の目標のもと、リーダーが前面に出て、全体を動かそうとする。ただ、メンバーの波長が合わず、「わたしたち」としての力をなかなか発揮できないこともある。

一方、「わたしも、みんなも」的なリーダーがいる職場では、みんなで動いていく。全員で目標を共有する場が生まれ、そこではメンバーのチームの一員になりながら、同時に1人ひとりが主体性を発揮し、自己実現を目指す。

これによって、スタッフ1人ひとりにとっても、「わたし」と「わたしたち」のバランスがとれるような運営ができるようになった。

こうして「わたし」と「わたしたち」のバランスがとれると、メンバーの力の総和を超えた大きな力が生まれる。

I店では、Lさんは、私心のなさ、謙虚さ、行動力と責任感、感謝の心、理想の追求といった人間的魅力に根ざしたトータルな力によって、一体感を生み出し、スタッフの個々の力を最大限に引き出す。

昼のシフトリーダーのW子さんは、若いアルバイトを指導する役割も負う。ただ、仕事に関して「自分の物差し」を上から当てはめてしまうと、相手は難しく感じてしまうおそれがある。そこで、目標は高くても最初のハードルは下げ、若いスタッフなりに仕事に取り組めるよう後押しする。

その結果、オーナーが、「無理だろうと思う目標でも、フタを開けてみると超えている。この人たちはすごい」と賞賛するほどの力が発揮される。実際、nanacoカード新規入会キャンペーンも全員で取り組み、連続して地区1位の成績をあげた。これも「ワン・フォー・オール、オール・フォー・ワン」のチームプレーの成果だ。

1人ひとりが個として輝き、全体も輝いて大きな成果を出す。それが組織のあるべき姿であり、I店はそのモデルを示している。

# 「一人」は「みんな」のために
# 「みんな」は「一人」のために

| 「オレが、オレが」的なリーダーがいる職場 | 「わたしも、みんなも」的なリーダーがいる職場 |
| --- | --- |
| 「わたし」が前面に出てみんなを動かそうとする | 「わたし」と「わたしたち」のバランスをとり、みんなで動いていく |

全体で発揮される力

| 「わたしが、わたしが」 | One for all, all for one! |
| --- | --- |
| 一定の目的を目指しながら、「わたしが…わたしが…」と「わたし」が前面に出て、全体を動かしていく | 共通の目的を目指しながら、「わたし」も「わたしたち」の一員になり、同時に1人ひとりが主体性を発揮していく |
| ↓ | ↓ |
| 「わたし」とほかのメンバーがぶつかり合うこともあり、「わたしたち」としての力をなかなか発揮できない | メンバーの力の総和を超えた「わたしたち」としての大きな力が生まれ、最も創造性と効率性が発揮される |

鈴木敏文 1Point Lesson

## 「個」が輝き、「全体」が輝くような
## チームづくりを目指す

# 39

# 「全員参加経営」を実現する

## 能力を最大限発揮させる状況に置く

アルバイトやパートの戦力化で、世界から注目される鈴木流経営学において、「そうあってはならない」と批判されるのは、「なあなあ」でまわりに妥協する「いい子」タイプや、口先だけで実行がともなわない「評論家」タイプだ。鈴木氏は、どのような人を評価するのか。

「私たちが目指すべきは、実行して、必ず数字を出していく〝実務家〟です。実務家は実際の顧客の反応を見ながら、どういうときにどのような買い物をするか、自分の目で真実をつかみ、何をすべきかを考えようとする。傍観者でいられず、当事者意識を持って仕事に取り組もうとします」

セブン-イレブンがアルバイトにも「仮説・検証」を求めるのも、実務家としての当事者意識を求めるからだ。

例えば、千代田区のG店のY美さんは米飯やめん類など主力商品の発注を担当するが、発注の仕事をこう表現する。

「発注する商品は自分の子供みたい。買ってもらってお客様に喜んでいただくまでが仕事だと思っています。1つでも多くお客様に喜んでいただきたい。発注する個数で5か10かで迷ったら10にし、買っていただく工夫をします」

「わが子」のように感じるほど、深くコミットするから、当事者意識が生まれるのだろう。

実際、本書で紹介したセブン-イレブンの「強い店」で注目すべきは、アルバイトやパートのスタッフたちも、傍観者ではいられず、強い当事者意識を持って、能力を最大限発揮せざるを得ない状況に置かれることだ。練馬区のA店およびB店の若いスタッフたちは、発注を仮説をもとに「思ったとおりに」やるようにいわれ、自らリミッターを外し、潜在能力を引き出し、自分のやり方を見つけていった。

こんな例もある。ある店でオーナーが急病になったため、スタッフで店を支えていくことになった。そこで、発注を担当する商品ごとに「鈴木米飯店」「佐藤菓子店」「田中飲料店」……のように仮想の店を設定し、それぞれ経営を任せた。スタッフたちは競争しながら協力し、危機を乗り切った。

コンビニは約２８００品目の商品を扱い、7割が1年間で入れ替わるほど、ニーズの変化が激しい。スタッフはその都度、自分で判断しなければならない。

それには仮想店舗のように、1人ひとりが「経営者の感覚」を持つことが求められる。

誰もが能力を最大限発揮せざるを得ない状況で、リミッターを外すと経営力が磨かれる。「全員参加経営」を実現できるかどうか。勝ち残りの成否はここにかかっている。

HOP

# リーダーはメンバーの能力を最大限発揮せざるを得ない状況に置く

発揮される能力
頑張るぞ！
強い当事者能力が生まれる
リミッターが外れる
一般的なアルバイトの状況
能力を最大限発揮せざるを得ない状況


STEP

## 「全員参加経営」を実現する

発注する商品は子供みたい買ってもらってお客様に喜んでいただくまでが私の仕事
お客様のニーズに応えながら数字を出していこう！


1人ひとりが「経営者の感覚」を持つ

JUMP

鈴木敏文 1Point Lesson

## 「いい子」も「評論家」も不要 必ず数字を出せる「実務家」を目指そう

# 40 「奉仕型リーダー」が全員の力を引き出す

## リーダーはサポートに回り、結果責任を負う

リーダーはメンバーの自覚を促し、気づきを与える。答えを持って手本を示す。そして、人間性を含むトータルな力で一体感を生み出し、一緒に目標を目指す。

こうしてメンバーが動き始めたら、リーダーは「サポートに徹すべき」と鈴木氏はいう。

「変化の激しい今の時代には、第一線のスタッフが常に〝仮説・検証〟で変化に対応しなければなりません。リーダーは自分たちがどの道を進むか方向性を示したら、個々の仕事についてはメンバーに任せて、思いきり挑戦させ、自分はサポートに回る。そして、結果の責任は自分が負う。それが変化の時代に求められるリーダーシップのあり方です」

本書に登場したセブン-イレブンの「強いお店」のオーナーたちは総じてこのタイプだった。江戸川区のI店のオーナーは、最初は1人で全部取り仕切っていたが、帰宅後も店からの電話が鳴りやまない。スタッフに仕事を任せるやり方に転換。自分は支える側に回った。

目黒区のH店や練馬区のA店のオーナーは、経営する複数の店舗をまわりながら、スタッフの相談に乗る。千代田区のG店のオーナーはダメ出しの「怖いオーナー」から、一緒にスクラムを組む元気なオーナーに変身。足立区のF店のオーナーはほめて育てるほめ係。大田区のC店のオーナーは掃除も率先して引き受ける。

全体の方向性をトップダウンで示したあとは、現場の自主性に任せ、自分は下支えや後押しをする。こうしたリーダーのあり方は、「奉仕者（サーバント）」に例えて、「サーバント・リーダー」と呼ばれ、欧米でも注目を集めている。

リーダーシップは1人では成り立たず、リーダーに対して、喜んでついていこうと思うメンバーの心の中で意識されるものだ。上に立つ人間がサーバント・リーダー的な意識を持てば、メンバーも「この人の下だったら働きたい」と思い、自主的に力を発揮する。ここにリーダーシップが成り立つ。

I店のL店長も独走型から巻き込み型へ自己変革したことで、メンバーの力を最大限に引き出すことができた。高校生の指導係を務めるF店のZ店長も「このリーダーの下だったら働きたい」と思わせるものを持っているのだろう。

チーム力は、リーダーとメンバーのそれぞれの力のかけ算で算出されるとすると、奉仕型リーダーの「支える力」とメンバーの「自主的に発揮する力」の積は非常に大きくなる。

全員参加経営は奉仕型リーダーのもとで実現されることを、セブン-イレブンの「強いお店」は物語っている。

HOP H

# 奉仕型リーダーは全員の力を引き出す

| ワンマン型リーダー | 奉仕型リーダー |
|---|---|

指示どおりに動くように

みんな、頑張れ！

**ワンマン型リーダー**

メンバーをぐいぐい
引っ張っていく牽引型
自分の指示どおりに
動くことを求める

↓

メンバーは指示には従うが
リーダーに対し、喜んでついて
いこうと思うかどうかわからない

**奉仕型リーダー**

全体の方向性を示したら
現場のメンバーの自主性に任し
自分は奉仕役になる
下支えや後押しをしながら
メンバーのために尽くす

↓

メンバーもこの人の下だったら
働きたいと思い、
自主的に力を発揮していく

STEP S

↓

## 「リーダーの力」と「メンバーの力」の かけ算をすると

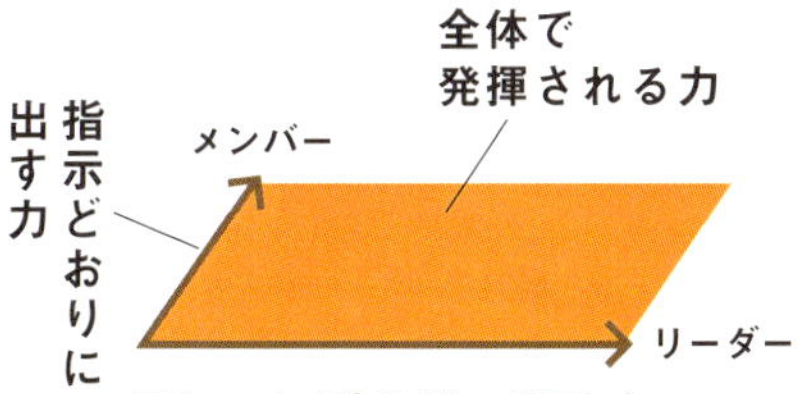
全体で
発揮される力
メンバー
指示どおりに出す力
リーダー

ワンマン型の引っ張る力

メンバー
自主的に発揮する力
全体で
発揮される力
リーダー

奉仕型の支える力

JUMP J

鈴木敏文 1Point Lesson

## リーダーのためにメンバーがいるのではなく メンバーのためにリーダーはいる

Photo by Tomohisa Ichiki

なぜ、セブンでバイトをすると

# 3カ月で経営学を語れるのか？

実践ストーリー編

2014年11月1日　第1刷発行

著者　勝見 明
発行者　長坂嘉昭
発行所　株式会社プレジデント社
〒102-8641 東京都千代田区平河町2-16-1
平河町森タワー13階
http://president.jp　http://str.president.co.jp/str/
編集 (03) 3237-3732　販売 (03) 3237-3731
装丁　草薙伸行　蛭田典子 ● PlanetPlan Design Works
イラストレーション　コイケ・ケイコ
カバー撮影　市来朋久
販売　高橋 徹　川井田美景　山内拓磨
編集　桂木栄一
制作　坂本優美子
Special Thanks To　大嶋健一　木原 篤　川瀬雅史
印刷・製本　凸版印刷株式会社

ISBN978-4-8334-2086-0　Printed in Japan
落丁・乱丁本はお取り替えいたします。

## 勝見 明（かつみ・あきら）

1952年、神奈川県逗子生まれ。東京大学教養学部中退。フリージャーナリストとして経済・経営分野を中心に執筆・講演活動を続ける。企業の組織運営、人材マネジメントに詳しい。主な著書に『新装版　鈴木敏文の統計心理学』『鈴木敏文の「話し下手でも成功できる」』（プレジデント社）『鈴木敏文の「本当のようなウソ」を見抜く』（日経ビジネス人文庫）『鈴木敏文「逆転発想」の言葉95』『選ばれる営業、捨てられる営業』（日経プレミアシリーズ）『イノベーションの知恵』（日経BP社、共著）ほか多数。